泉州文庫

饒宗頤題

溫陵事考

江浙贛鄂考察記

（清）史景臣　輯　吳遠鵬　點校

陳慶南　著　吳鴻麗　點校

泉州文庫整理出版委員會

商務印書館

前　言

　　泉州建制一千三百多年,爲中國歷史文化名城和古代海外交通的重要港口。"比屋弦誦,人文爲閩最",素稱海濱鄒魯、文獻之邦。代有經邦緯國、出類拔萃之才,歐陽詹、曾公亮、蘇頌、蔡清、王慎中、俞大猷、李贄、鄭成功、李光地等一大批傑出人物留下了大量具有歷史、文學、藝術、哲學、軍事、經濟價值的文化遺產。據不完全統計,見載於史籍的著作家有一千四百二十六人,著作多達三千七百三十九種,其中唐五代二十九人三十二種,宋代二百人三百九十一種,元代二十一人四十種,明代五百三十六人一千五百八十五種,清代六百四十人一千六百九十一種;收入《四庫全書》一百一十五家一百六十四種,《四庫全書存目叢書》五十六家七十四種,《續修四庫全書》十四家十七種。二〇〇八年國務院頒布第一批國家珍貴古籍名錄,屬泉人著述、出版者十三種。

　　遺憾的是,雖然泉州典籍贍富,每一時代都有一批重要著作相繼問世,但歷經歲月淘汰、劫難摧殘,加上庋藏環境不良,遺存至今十無二三,多成珍籍孤本。這些文化遺產,是歷史的見證,是泉州人民同時也是中華民族的寶貴文化財富,亟待搶救保護,古爲今用。

　　對泉州地方文獻的搜集與整理,最早有南宋嘉定年間的《清源文集》十卷,明萬曆二十五年《清源文獻》十八卷繼出,入清則有《清源文獻纂續合編》三十六卷問世。這些文獻彙編,或已佚失,或存本極少。二十世紀四十年代,泉州成立"晉江文獻整理委員會",準備整理出版歷代泉人著作,因經費短缺未果。八十年代,地方文史界發起研究"泉州學",再次計劃編輯地方文獻叢書,可惜後來也因爲各種條件的限制,其事遂寝。但是這兩次努力,爲地方文獻叢書的整理出版做了準備,留下了珍貴的文獻資料和書目彙編。

　　二〇〇五年三月,中共泉州市委、泉州市政府決定將地方文獻叢書出版工作列爲國民經濟和社會發展第十一個五年規劃的一項文化工程。翌年，正式成立"泉州地方典籍《泉州文庫》整理出版委員會"，着手對分散庋藏於全國各大圖書館及民間的古籍進行調查搜集，整理出《泉州文庫備考書目》二百六十七家六百一十四種，以後又陸續檢索出遺漏書目近百家一百八十餘種。經過省內外專家學者多次論證，最後篩選出一百五十部二百五十餘種著作，組成一套有一定規模、自成體系、比較完整，可以概括泉人著作風貌、反映泉州千餘年文化發展脈絡的地方文獻叢書，取名《泉州文庫》，二〇一一年起陸續出版發行。

整理出版《泉州文庫》的宗旨是：遵循國家的文化方針政策，保護和利用珍貴文獻典籍，以期繼承發揚中華民族優秀文化傳統，增進民族團結，維護國家統一，提高民族自信心和凝聚力，加強社會主義核心價值體系建設，增強文化軟實力，爲泉州的物質文明和精神文明建設服務。

《泉州文庫》始唐迄清，原著點校，收錄標準着眼於學術性、科學性、文學性、地域性、原創性、權威性，具有全國重要影響和著名歷史人物的代表作優先。所錄著作涵蓋泉州各縣（市、區），包括金門縣及歷史上泉州府屬同安縣，曾在泉州任職、寄寓、活動過的非泉籍人氏的作品，則取其內容與泉州密切相關的專門著作。文庫採用繁體字橫排印刷，內容涉及政治、經濟、歷史、地理、哲學、宗教、軍事、語言文字、文化教育、文學藝術、科學技術等領域，其中不乏孤稀珍罕舊槧秘笈，堪稱溫陵文獻之幟志。

值此《泉州文庫》出版之際，謹向各支持單位、個人和參加點校的專家學者表示誠摯的感謝！由於涉及的學科和內容至爲廣泛，工作底本每有蛀蝕脫漏，加之書成衆手，雖經反復校勘，但限於水平，不足或錯誤之處還是難免，敬請讀者批評指教。

泉州地方典籍《泉州文庫》整理出版委員會
二〇一一年三月

整理凡例

一、《泉州文庫》(以下簡稱"文庫")收錄對象爲有關泉州的專門著作和泉州籍人士(包括長期寓居泉州的著名人物)著作,地域範圍爲泉州一府七縣,即晋江(包括現在的晋江市、石獅市、鯉城區、豐澤區、洛江區)、南安、惠安(包括泉港區)、同安(包括金門縣)、安溪、永春、德化。成書下限爲一九四九年九月以前(個別選題酌情下延)。選題内容以文學藝術、歷史、地理、哲學、政治、軍事、科技、語言教育等文化典籍爲主,以發掘珍本、孤本爲重點,有全國性影響、學術價值高、富有原創性著作優先,兼及零散資料匯總。

二、每種著作盡量收集不同版本進行比較,選擇其中年代較早、内容完整、校刻最精的版本爲工作底本,并與有關史籍、筆記、文集、叢書參校,文字擇善而從。

三、尊重原著,作者原有注釋與説明文字概予保留。後來增加者,則視其價值取捨。

四、凡底本訛誤衍漏,增字以[　]表示,正字以(　)表示,難辨或無法補正的缺脱文字以□表示,明顯錯字徑直改正,均不作校記。

五、凡底本與其他版本文字差異,各有所長,取捨兩難,或原文脱訛嚴重致點讀困難,或史實明顯錯誤者,正文仍從底本,而於篇末校勘記中説明。

六、凡人名、地名、官名脱誤者,均予改正,訛誤而又查不到出處之人名、地名、官名及少數民族部落名同異譯者,依原文不予改動。

七、少數民族名稱凡帶有侮辱性的字樣,除舊史中習見的泛稱以外,均加引號以示區别,并於校記中説明。

八、標點符號執行一九九六年實施的國家《標點符號用法》。文庫點校循新版二十四史及《清史稿》例,一般不使用破折號和省略號。

九、原文不分段者,按文意自然分段。

十、凡異體字、俗體字、通假字,如非人名、地名,改動又無關文旨者,一般改爲通用字;異體字已經約定俗成、容易辨認者不改。個別著作爲保持原本文字語言風貌,其通假字則不校改。

十一、避諱字、缺筆字盡量改正。早期因避諱所產生的詞彙成爲習慣者不改正。

十二、古籍行文中涉及國家、朝廷、皇帝、上司、宗族等所用抬頭格式均予取消。

十三、文庫一般一册收錄一種著作,篇幅小的著作由兩種或若干種組成一册,篇幅大的著作則分成兩册或若干册。

十四、文庫採用橫排、繁體字印刷出版。每册前置前言、凡例。每種著作仿《四庫全書》提要之例,由編者撰寫《校點後記》,簡略介紹作者生平、著作内容及評價、版本情况,説明其他需要説明的問題。

泉州地方典籍《泉州文庫》整理出版委員會辦公室

二〇〇七年二月五日

目　録

温陵事考 …………………………………………………………… 1

江浙贛鄂考察記 …………………………………………………… 69

温陵事考

目　　錄

温陵事考卷一 ·· 7
　泉州舊蹟 ·· 7
　山 ·· 9
　　晉江 ·· 9
　　南安 ··· 16
　　惠安 ··· 20
　　安溪 ··· 22
　　同安 ··· 25
　　附載 ··· 28
温陵事考卷二 ··· 29
　水 ··· 29
　　晉江 ··· 29
　　南安 ··· 29
　　惠安 ··· 30
　　安溪 ··· 30
　　同安 ··· 31
　　晉江 ··· 31
　　南安 ··· 33
　　惠安 ··· 33
　　安溪 ··· 33
　　同安 ··· 33

晉江 ······ 34

　　南安 ······ 35

　　惠安 ······ 36

　　安溪 ······ 36

　　同安 ······ 36

　郡中新舊址 ······ 37

　　郡廟學 ······ 37

　　縣廟學 ······ 39

　　書院 ······ 40

　　舊署 ······ 42

　　舊蹟 ······ 43

　　祠宇 ······ 44

　　附載 ······ 46

　　寺廟 ······ 47

溫陵事考卷三 ······ 51

　雜志 ······ 51

　　晉江 ······ 51

　　南安 ······ 52

　　惠安 ······ 52

　　安溪 ······ 52

　　同安 ······ 52

　　附載 ······ 53

　人品 ······ 53

　　儒林 ······ 53

　　倫常 ······ 55

　　方外 ······ 56

風俗歲時	58
物産	59
稻屬	59
瓜蔬之屬	60
果屬	61
布屬	62
藥屬	62
木屬	63
花屬	63
草屬	64
毛屬	64
水族	64
介屬	65
貨屬	66
校點後記	67

温陵事考卷一

泉 州 舊 蹟

　　泉州府,屬《禹貢》揚州之域。在周爲七閩地。春秋戰國時爲越地。秦時爲閩中郡地。漢高祖五年,立無諸爲閩越王,泉爲閩越國地。武帝元鼎五年,閩越亂,元封元年滅之,徙民於江淮,虛其地,其逃亡者自立爲冶縣,泉爲冶縣地,置會稽南部都尉于塞上以治之。東漢改爲侯官都尉,仍屬會稽郡。後分其地爲會稽東南二部,泉地屬南部。建安初置侯官等五縣,泉爲侯官縣地。景耀三年,吳以南部爲建安郡,增置東安等縣,泉爲東安縣地。晉太康三年,改東安爲晉安縣,泉爲晉安縣地。劉宋年間,改晉安郡爲晉平郡。太康三年置晉安郡。齊仍爲晉安郡。梁天監中,置南安郡,泉爲南安郡地。陳時仍爲南安郡。隋開皇九年,改南安郡爲南安縣,屬泉州,泉州之名始此,然即今福州地。泉爲南安縣地。唐武德元年,泉爲建州南安縣地,五年,析建州南安縣置豐州,泉爲豐州南安縣地。貞觀九年,省豐州入泉州,仍今福州地。泉爲泉州南安縣地。嗣聖初,置武榮州,泉爲武榮州地,爲武榮州南安縣地。久視元年,復于南安縣十五里置武榮州。前武榮州尋復省,今再置。景雲二年,以武榮州爲泉州。即今泉州也。開元六年,析南安東南地置晉江縣。刺史馮仁智以州治無縣,故請。天寶元年,改爲清源郡。乾元元年,復改泉州。光啓二年,光州人王潮入泉,觀察使陳巖表潮爲泉州刺史。乾寧四年,潮卒,唐以潮弟審知爲威武軍節度使,泉隸威武軍。梁開平三年,封審知爲閩王,泉爲閩王國地。後唐長興三年,王延鈞以大同場置同安縣,又以桃林場置桃源縣,至晉天福三年,王昶改爲永春縣。漢乾祐二年,南唐升泉州爲清源軍,以留從効爲本軍節度使,改德化縣隸焉。周顯德二年,以小溪場置清源(溪)

縣,武安場置長泰縣。從劾卒,陳洪進代之,表請于宋。宋乾德二年,改爲平海軍,後復爲州。太平興國六年,析晉江地置惠安縣。宣和二年,改清溪縣爲安溪縣。元至元十五年,升泉州爲泉州路總管府。大德二年,改爲泉寧府。至正十八年,復立泉州分省。明洪武元年,改爲泉州府。國朝因之。曰晉江、南安、惠安、德化、安溪、永春、同安。雍正十二年,升永春爲直隸州,改德化隸焉。

郡城,舊《府志》以爲王審知所築,而天祐以前其城之見于各籍者,志已無稽。府治中有衙城,外有子城,又外有羅城,有翼城。初築城時環植刺桐,故名桐城。又以形似,名鯉城。後衙城、子城俱廢,而羅城遂爲今城。

羅城,相傳爲南唐保大中留從劾築,疑不自天祐、保大中始,當是失其傳耳。門凡七,東仁風,西義成,南鎮南,北朝天,東南曰通淮,西南曰臨漳,曰通津。宋紹定三年,守游九功砌甕門,復即南羅城外築翼城。元至正間,監郡偰玉立拓南羅城地,合翼城爲一,改鎮南曰德濟。明洪武初,建月城六,窩鋪百有四十,門各有樓,又東城有樓曰望海,北城有樓曰望山。又于仁風、通淮之間闢小東門。後門塞樓廢。《閩書》:仁風、通淮間舊有小東門,其門直東湖之嘴,早日初升,湖光瀲灩,如魚飲湖水者然。嘉靖年間,德濟門災,知府熊汝達重建,改通淮曰迎春,以歲迎春于此門。南薰曰通津,後復名南薰。并修各月城。國朝順治十五年,依關東式改造。

子城,在羅城內。相傳王審知築。爲門四,東行春,西肅清,南崇陽,後人祀王潮于此,明蘇茂相《登崇陽談王潮遺事》詩:鼙鼓中原沸似波,將軍閩嶠還橫戈。匡扶無望唐裏武,保障強差漢尉陀。事定千年無戰伐,時清萬戶有絃歌。英雄遺跡依稀記,暮倚高樓一嘯歌。北泉山。無存。康熙年間,重建崇陽門、樓,改門曰麗正,樓曰祿蒸,五十五年燬。乾隆十四年,知縣黃昌遇葺行春門,十六年,知府高霔、知縣黃昌遇重建麗正門,改樓曰喜雨。莊有恭記略:崇陽門舊有樓,康熙丙申,樓盡燬。乾隆辛未四月[募工朴斷],是歲雨澤愆期,乃啓土。升梁之候,時雨叠沛。至于八月,大中丞潘公巡視登臨,而兩復降,徹夜滂沱,因名之曰喜雨樓。十七年重建肅清門。高霔記略:泉之郡治,未有羅城七門,先有子城四門,其距于西曰肅清。迨後闢羅城而四門遂爲鼓樓。崇陽遭回祿,大尹黃昌遇方倡捐重營,而肅清猶僅存遺址。適遇潘大中丞巡視,黃尹遂以肅清樓請,大中丞昂予董率,以成厥美。不半載而工竣。

子城内支溝五。雙門外東西二大井之旁,兩溝夾行而南。東溝集南街左坊諸巷之水,折洋下溝今存。越承天菜園,今存。轉西至通淮坊,折南入府學池。今塞。西溝集南街右坊諸巷之水,流至師模坊,東北與溝尾會。中和坊東之車坊溝,循開元觀旁,經豆腐巷,趨溝尾橋。縣前東溝自帥節坊南循元妙觀,經登仙橋,疑登賢橋。與溝尾會,入府學池。今不會。醮樓內溝折而西入貢院,即驛內巷,今不西折。南經帽巷,轉熙春坊尾,又折而西南至放生橋,與子城西壕之水會。今失。按子城内溝即八卦溝也。《閩書》:古時以八卦瓶埋置於先天方位,至明弘治十一年,御史張敏開城中溝,於西南隅掘得大磁瓶,上陶"巽"字,蓋取其方位之相配,非鑿溝如八卦象也。羅城子城内外壕溝,如人之一身血脈流貫。宋治平年間,郡守丁竦穴城為門以通天水淮,疏東南潢汙納之于河,自河注江,郡城諸水皆趨巽方,吸潮汐,環學宮而東之,未幾而閼。紹興十七年,守葉廷珪仍闢通淮門,引巽水入,語人曰:今通此水,十年後當出大魁。至期梁文靖公克家果魁天下。後復塞。嘉定間,守真德秀命五廂居民開浚,打量官溝共五千二十有九丈,明溝三千丈。明御史張敏重清溝之可見者僅三千餘丈。

山

晉　　江

白虹山　垂瀑如虹,宋陳宓隱其下。山有白虹漈,有龍潭,歲旱禱之,雲氣升潭中如虹,三日內必雨。

五洋山　高頂中有田千頃,宋時有五姓居之,故名。上有小髻洞,可避兵,麓有清水岩。

豐山　在四十六都。水旱祈禱,歲則大豐。山頂有雙丫,亦名雙髻峰。上有白水岩,涓若潑漿。明陳學潛詩:峭壁懸空草徑斜,高低古洞繞烟霞。雙堆鴉髮雲中髻,兩結芙蓉天外花。馬甲一支千澗水,雉城片掌萬人家。孤岡絶蠟殊無障,目斷滄溟那有涯。國朝萬際昌觀日詩:扳蘿尋鳥道,侵曉上峰巔。霞氣涵滄海,波光接遠天。山空孤月落,雲净一星懸。曾説羲和馭,相催日復年。

朋山　雙峙若圭,亦曰雙陽。大曰大陽,小曰小陽。郡多兄弟聯登者,此山之祥也。明鄭之鉉詩:郭北如弦路,嶔崎峻嶺聞。群峰攢海出,絶頂對天分。大小摩雙乳,高低隔萬雲。西成今沃土,鐮割正紛紛。

將軍山　滿山皆石,如人帶甲。讖語:將軍帶甲坐,萬古不遭兵。

清源山　郡主山也。周圍四十里,橫跨十餘里,高數千仞。一名齊雲,一名北山。有孔泉,亦名泉山。上下皆石,上石如殼,下石如砥,中坼孔竅而泉出,故名。清源軍以此稱。吕道人書"虎乳"二字,明林孕昌書"卷石勺水",黄日昌書"源頭活水",皆刻石。有三十六岩洞。宋王十朋詩:州北有山幽更幽,皇天穀雨爲公留。登高如入上下竺,宴坐疑臨大小湫。掃地焚香烟縷嫋,煎泉瀹茗乳花浮。觀詩起我家山興,身在閩南夢在甌。明鄭之鉉詩:魚城炟火望來層,百丈坪前一再登。海上紅雲携斷雨,山中白日對孤僧。霧深半榻迷樵徑,人到空花點佛燈。蜕骨千秋何所在,只應别殿鎖崚嶒。上起三峰,謂之三臺。中峰上爲純陽洞,亦名清源洞,陟其巔可盡覽郡中諸勝,上下有亭,皆廢,後山僧復募建觀空樓。俀玉立詩:洞府神仙去不還,清源紫帽聳高寒。泉南佛國幾千界,閩海蓬萊第一山。夜月鳳簫聲隱隱,秋風鶴佩聽珊珊。瑶池豈隔塵寰路,更叩危岑最上關。明蔡清詩:一登第一山,自覺衆山小。日起海門騰,雲連邊樹杳。物情隨運遷,元化無時了。一事類登山,懷哉愧不少。又:行行行上北山巔,始信人間别有天。紅日當頭真可捧,白雲着袖似相牽。細思田土千般物,何似清源一滴泉。我欲便爲棲忱計,壯心未忍負青年。洞北有蜕岩,裴道人形蜕處。明黄克晦詩:頻年五嶽遍尋師,蜕影虚岩坐自疑。臺下雲生知有夢,天邊鶴過憶曾騎。夜壇簫籟含明月,陰壑松蘿動暗飇。依舊千峰俱繞榻,四簷雲氣爲伊誰?南下爲紫澤宮,菁葱静杳,有亭曰喜雨,宋乾道元年,宋韓仲通禱雨于清源洞,雨隨至,遂因小亭遺址重建,今廢。唐蔡如金、譚紫霄,明董伯華修煉于此。界上下洞間有泉,中曰清源,泉亦名相泉,以留、梁二相得名。中有神物,魚身,見則大水。宋乾道中屢見,大水,撤州門扉投波中乃已。左曰藜杖泉,蔡如金握藜杖戳之而泉出。又有玉龍井。凡此皆中峰之勝。純陽南左爲東岩,上有海潮室,今廢。奇石倚天空居石址,或曰裴道人嘗居此,吸日月精。旁爲遵岩,僧可遵居此,有巨石偃亘,平如砥,名百丈坪,可遵建三石塔,今圮。中有巨人跡。明王慎中讀書岩中。又南左爲泰嘉岩,明顧珀讀書其中,知府萬慶匾曰新山書院。下有靈源菴,窟廣數百步,水積其中,中有鼇龍,宋時旱禱輒雨。循西而北半里許爲半嶺岩,岩前有石門,石廣數十尺,苔蘚濃封,中有池田,有石刻"泉南佛國"。明黃克晦詩有"縱有池田如色界,自應山水屬僧家"之句。巖北有寒山巖,亦廢。又南爲栖霞岩,其道[左]爲大道岩,一名芭蕉古洞。又南左爲瑞像岩,宋林道者誅茅是山,夢人使鐫像,且示鐫者姓名曰魏周,周夢亦然,像成,端麗甲諸相。旁爲日休岩,頭陀岩也。天成石罅,謂之石門,下有霹靂石。又有片瓦岩、虎岩,皆天然石室。虎岩在五臺峰右,五代僧守息有馴虎之異,亦名大休岩。唐歐陽詹、林蘊、林藻讀書處,有石可濡墨大書,曰石硯。有室如瓦窰,明張庸即其旁建室祀詹。詹裔孫後先重建,稱歐陽書院。明黃鳳翔詩:秋風似送讀書聲,遺跡靈岩結構成。甲第當年龍虎榜,湖山千古薜蘿情。朝看野色連雲起,夜落燈花帶月明。爲有孫支傳世業,青苔那許鎖柴荊。莊鰲獻詩:昔人讀書處,春風滿洛陽。不知千古恨,江上已秋霜。　前志謂歐陽石室在龜岩,非也。《閩書》:歐陽祠在虎岩。是矣。而獅岩復爲歐陽讀書處,有石室如瓦窰,是二處也。虎岩左爲不易岩。昔有女尼居此,有訪之者曰:若來住山不易。尼曰:到山亦復不易。後有泉如線,名一脈泉。南半里許爲碧霄岩,怪石委萃,中廣不踰席,北來南去可百餘武。當北入處爲上碧霄,石罅刻字曰"透碧霄"。南左側宋林奭刻大"壽"字,高二丈,以祝親。又有石刻曰"少留冷飲",曰"小雲關"。中琢佛像者三,爲下碧霄。又南爲梅岩,谷口刻"梅關"二字,留從効別墅在焉。舊有古梅在其處。岩高數尺,有潭曰綠潭,上至高峭處有石棋局、石硯、煉丹臼。北有雙石對峙,泉繞之,宋黃維之題曰"雲根漱玉泉"。又東爲妙覺岩,下有亭,扁曰"第一山",摹米元章書刻石,今廢。有泉在石屏之底,曰瑞泉。又東爲獅岩,有石如獅,泉石幽奇。又東爲龜岩,巨石狀如穹龜。下爲賜一作四。恩岩,唐賜許稷之山,一説宋李邴隱此,朝恩四及。元祐間,民夜見光相,鐫觀音像于岩端。下爲中岩、下岩,皆李邴構,倚大石爲室,有鏡石、醉月石,皆廢。凡此皆左峰之勝。紫澤西南爲右峰。亦名西岩。迤邐南下,矗起三石,爲三峰石,高十丈許,下爲南臺岩,在二洞之南。兩山旁列,石壁巀屼,俯視城郭如畫。唐韓偓詩:無奈離腸日九迴,強擡懷抱立高臺。中華地向城邊盡,外國雲從島上來。四序有花長見雨,一冬無雪却聞雷。日宮紫氣生冠冕,試望扶桑病眼開。有巢雲岩,石罅中常有雲氣往來,明詹仰庇謫歸隱此,仰庇詩:荒岩栖息薜蘿情,吾意雲山足此生。曲澗泉添疏雨急,高峰石出曉天驚。交加翠竹當窗發,自在黃鸝隔樹鳴。會得群公多道氣,故來空谷一班荊。郡守爲建書室。南爲彌陀岩,左有飛瀑泉,大旱不竭,泉從巢雲下墜石壁間,冬夏琮琤,旁巨石刻曰"泉窟觀瀑",上有石徑,深邃可飲。折而出,有平臺,仰庛刻"一嘯臺",有石,元時琢彌陀佛丈六金身。下則木龍岩,傳有古木根蜿蜒如龍,唐歐陽秬得之,作贊曰:三瀑亭下,亂薪堆中,顧是栲榯,分兹窪窿。質奇狀古,腿蛇足虎。英士屢瞻,高人驚睹。光華密緻,撫翫悅志。葉公畫情,武侯卧意。夭矯蜿蜒,勢若騰天。疑將孕靈,神化倏然。欲脱塵俗,携之高騫。《清源山志》:贊留石壁,未刻。會昌四年四月,仁澤記。《淳祐志稿》:蘇球作《木龍贊》。《刺史表》:蘇球以會昌元年任,四年十月轉。正與序中留贊石上句合,是作贊非秬也。上有木龍室,今廢。又西爲觀音岩,亦名千手。宋元祐間,民有夜見光相者,相與琢像岩端。《清源山志》以爲在賜恩。下爲羽仙岩,在羅、武二山之下,即老君岩,黃克晦詩有"匪虎不曾悲曠野,猶龍何事蜕高岡"之句。宋時二山下,朱子嘗游焉。中有元元洞,明汪旦闢刻曰:元元洞天。洞巅大石,季本名之曰六老峰,爲詩刻石。又下勢至岩,岩有瀑布,匯前爲潭,名濯衣,今廢。背有石可坐百人,刻曰陶石。旁爲清泰岩,與梅關、綠潭相近,題刻爲多,下有劍潭,相傳羽流鑄劍于此,留型於石。有泉曰雲英,有石刻曰仙苑,又有石曰金壁,曰化鶴丘、潘桃塢,皆取其形。凡此皆右峰之勝。外有泰空室,訛爲太公,及楞伽院,皆廢。

虎頭山　一名松灣,有古松四株,東晉時物。

雲山　宋時州治在此。韓魏公生時,榕樹開花,樹高參天。魏公誕日,末吐烟霧。今爲提督署。旁有生韓古廟。

鸚鵡山　俗呼鸚鴟。有巨石如鸚鵡。宋大觀時,泉佛教盛行,山頂日有雲氣覆之。王十朋詩有"泉南傑出一高峰,碣石渾如鸚鵡容"之句。

昇文山　亦名龍頭。漢末王朗爲會稽太守,破虜將軍孫策追之,朗軍降,保於泉山,時登城南山游覽。又名朗山。山多奇石,皆宋狀元曾從龍家故物。明陳章應居此,以科第特起泉中,其裔孫竪坊曰龍頭里。

大旗山　形如旗,下有石鏡,亦名鏡山。明何喬遠築精舍其下。人稱鏡山書院。

舟峰山　臥石去地千尺，懸崖若風帆，人呼舟峰。下有報劬院、舟峰庵，今廢。又有無塵菴。明周廷鑨詩有"櫂發天河水，帆歸嶺樹風"之句。

鳳山　北接大旗，由北山而來，勢如飛鳳。一名黃積，黃石堆積故。一名皇績，王審邦葬此，其墓碑有"皇者天皇，績者勛績"之語，因以名山。宋名飛落山。下有皇績七里亭，又下有龍泉窟。宋紹興末，尚書張汝錫開山，幾成而没，女爲韓元吉妻，聞之悲慟，元吉乃持金來訖功，汝錫子復買田爲供燈費。宋朱子詩：門前寒水青銅闕，林外晴峰紫帽孤。記得南垞通柳浪，依稀全是輞川圖。

瞻跡嶺　俗呼般若。一名覆鼎峰，一名斟酌，留從効嘗于此斟酌軍事。

靈山　下瞰東湖。山門之左，盤石可觴坐百人，中一巨石兀然動搖，名碧玉毬，石刻三大字。明知府周道光記略：門之左有石一區，上可坐百人，中有卷石，其形肖丸，而下不屬，勢重萬鈞。然以一夫撼之，則兀兀然動搖。余以此石類毬，而其色蒼然，沉碧似玉，因名之爲碧玉毬。

雲谷山　亦名大平山。有塔院，名雲谷室。明蔡文莊嘗讀書其上。

萬遂山　一名法石山。下有法石寺，五代陳洪進嘗築壇于此，以效嵩呼，人因名其地爲萬歲坡。産荔極佳，蔡襄《荔枝譜》有法石白。上有石刻無名氏詩：青霞道士老無齒，松下煎茶手自分。話到夜闌山月落，又歸白鹿入青雲。舊處有白鹿洞。

赤城山　土色純赤，相傳晨昏間有赤馬出食禾，追之則入山中。又名赤馬山。

石頭山　在萬歲山左，山盡處有三山傑出。山陰叠石數笱，危如欲墜，目爲天石。

寶覺山　舊有天風海濤樓，爲朱子書，今廢。旁有朱子祠。

聖姑山　地産大菰，里人異之，即地建祠，訛爲聖姑。

桃花山　土色似桃花。

鑼鐘山　其石考之聲如鑼鐘。

紫帽山　距郡城西南五里。常有紫雲覆頂，故名。泉案山也。與清源南北對峙。俗呼對山。清源之奇以石，紫帽之秀以峰。自南安大烏石山蜿蜒而來，雄峙爲十二峰，上分二峰，左峰之陰金粟洞，唐真人鄭文叔居此。相傳客過洛陽，遇羽衣寄書文叔，既歸授書，遺粟半升，還家視之，金粟也。有石刻宋寧宗書"金粟之洞"四字。元龔丙詩：紫幔崚嶒天與齊，諸山似揖向人低。千山（年）世界藏金粟，半夜星辰繞玉梯。石鼓聲沉蒼蘚合，丹爐火冷白雲栖。洛中羽士無消息，十二峰前日又西。右峰絕頂有凌霄塔，明錢梗造。西有石鼓、丹爐、試劍、棋局、仙跡、仙掌諸峰。北有天湖岩，南有古元室，明道人吳雲靜建。又有盤古洞諸勝。又上有小丹丘，雲靜修煉處，陳琛及弟讓讀書其中。山半有亭，山中有泉，味極甘冽。《方輿勝覽》：山椒泉眼，相傳有龍蟠其中，名龍池。意即《淳祐志》所云甘泉。

龍首山　有龍翔之勢，亦名龍頭嶺。下有妙峰堂，歐陽詹別墅在焉。

雙鳳山　一名補陀岩。上有觀音閣。

鼓雷山　距石塔山西南一里許。上有石如鼓，叩之聲如雷。或云天將雨則鳴如雷。又有陳君岩，岩旁有叠石，危如累卵，下有龍井。遵井而東，放于溪，大阜之椒有石，宋慶元間有龍蟠焉，名龍繞石。鼓雷山有四：一在石旗村，一在石龜鋪之西，一在鼓雷村。

石塔山　在石筍橋南。其山從腰至麓有一大盤石，與江相接，長二百餘丈，穿伏於水。俗名石皮。上有石塔院，劉忠順亭，今廢。王十朋《出郊迓客憩劉公亭》詩：春日西郊外，江亭眼界嘉。青桐映樓閣，紫帽抹烟霞。雨過牛耕野，潮迴鷺立沙。河梁阻携手，空起逝川嗟。

龜山　出臨漳門外，三峰高聳如龜，山川壇在焉。有石大一二丈許，名石筍，筍江以此得名。

洋嶼　平疇突起，山中時有蠣殼，豈古海洋之嶼歟。上有栖霞洞，唐無了禪師、宋道人蘇隨隱此，今圮。

獅山　城中望之連蜷如獅，亦名烽山。昔人置烽燧處。頂有巨人跡。

雁塔山　平地突起，圓聳如塔。有圓石，叩之如鼓，名靈鼓石。

高甲山　即東山。又名溜石山。溜石鎮在其下。山有水井，方廣丈餘，海潮至，與泉不雜，色瑩味甘。

華表山　在五都，雙峰角立如華表然。麓有草菴，元時建，祀摩尼佛。明黃鳳翔詩：琳宮秋日共躋登，木落山空爽氣澄。細草久湮仙嶠路，斜暉暫作佛壇燈。竹邊泉脈隣丹竈，洞裡雲根蔓緑藤。飄瓦頹垣君莫問，蕭然一榻便崚嶒。菴後有玉泉，有"雲梯百級"諸題刻。

靈源山　一名吳山，又名英明山。宋時有吳氏昆季隱此，後鄉人祠之。是山高出東南諸山外，頂高大而平。亦名太平山。上有望江石，南眺大海，可歷數百餘里。北顧郡治，山川城郭如畫。下有靈源菴，宋林知讀書處。明蘇濬詩：丹崖元室倚雲孤，一逕紆回萬壑殊。有客入門苔不掃，無僧説法鳥相呼。胸吞渤海棲三島，手拍浮丘倒百壺。夜静鐘聲醒客夢，天花渺渺出仙都。有紫雲峰、紫雲室，其地四時花木陰映。山南一支爲乞雨山，上有七星墩，鄉人于此禱雨，掘得炭者即雨。

高州山　在靈源、華表之間，與府治對，故名。

象陷山　舊有象害人。唐末南安陳姓者坎地陷之，故名。蔡如金嘗藏符印于山頂。

羅裳山　與清源、紫帽、朋山爲郡名山。東有玉髻峰，下有畫馬石，有龍湫六井。

青陽山　有八石，名八仙石。旁爲石鼓山，有廟，真德秀禱雨處。

雙石山　家山下，子多雙誕。

石城山　連綴如城，旁有四峰，頂有石洞，傳有僧居是洞，能伏虎。

石龜山　峻壁二丈許，石形如龜。

靈秀山　上有小岩，其側海潮菴，海潮至則石潤，退則燥。宋石起宗讀書處。舊有空相院、凌霄塔、七佛塔、方外亭、透龍泉、青蓮池、濯足池、待月橋、君子石、盤陀石、靈蛇洞諸勝。

芝山　上有"小山叢竹"四大字石刻及宋丘葵石刻詩。琳頭枕是溪中石，井底泉通竹下池。宿客不懷過鳥語，獨聞山雨對花時。

寶蓋山　距郡城東南四十五里，俗名大孤山。頂有石塔，名關鎖塔，關鎖水口鎮塔也。高出雲表，登之可望商舶來往，俗稱姑嫂塔，昔有姑嫂嫁爲商人婦，商販海不歸，姑嫂塔而望之，今塔中刻二女像，遊人拾瓦擲之，中者生男。南有虎岫巖，雲石光潤，林木青葱，每八九月，濱海男女携餅餈羊酒徜徉其上，曰遊春。

〔金釵山　距郡城東南三十里。〕旁有魁星堂，宋梁克家讀書處。

豐山　與城北異。距石湖山里許，上有豐山寺，今廢。寺前大小石附之，驟望如群羊然。明何喬遠詩有"羊群石態尊前見，螺髻山形寺裏看"之句。

南　　安

九峰山　距縣西北三里。山有九峰，頂有西華岩，宋謝臺勒"西華九峰"四字于石，又有"真一泉"三大字。

葵山　叠石如筴，號叠經石，又如葵花然。

蓮花峰　巔開八石若蓮花，有蓮花臺，宋僧真覺隱處。朱子詩：八石天開勢絶攀，算來未似此心頑。已吞繞白縈青外，依舊箇中雲夢寬。廖信孫次韻：石蕊天然不可攀，八風莫動却真頑。我心匪此花能並，十丈何如方寸寬。左壁有宋戴忱石刻詩：此石非凡石，成因浩劫塵。一蓮花不老，過盡世間春。後人因構不老亭，遂亦以名峰。明黄河清記略：正德丙寅春不雨，禱于山巔而雨，乃亭于山麓，名曰不老，蓋取戴忱詩義。亭旁有巨石，聲如鐘鼓，後有孤松蟠根石上，蒼鬱如蓋，明時構樓於亭左下，建朱文公、陳休齋書室。

靈秀山　在三都。靈秀佛跡，唐光啓中，夜當有光，王延彬使人視之，見石上有巨人跡。連絡如屏可愛，上有岩，旱禱輒應。後有石室名空相，奉賓盧尊者，多產蘭。

大小潘山　在大溪北，上有陳洪進廟，宋置都巡塞其上。明丁啓濬詩：非關謀選勝，暫此息塵勞。軒檻臨流險，烟雲送日高。網懸閒夕市，帆掛急春濤。小飲江天暮，歸途首重搔。

九日山　距縣西三里。邑人重九日登高於此。或云有道人言："吾自戴雲山來此，九日乃到。"山奧衍明秀，溪流演漾，自晉以來縉紳先生、方外之侶，多登憩焉。唐秦系、姜公輔、韓偓後先寄跡。宋爲士大夫餞送雅集之所。紹興丙子，朱子與傅伯成載酒過此，後又與陳知柔賦詩，上有朱子書"九日山"三字。張守質詩：步入禪關一逞瞻，攬衣登眺夕陽斜。金谿碧落千條練，紫塔光涵五色霞。月係扁舟漁火渡，風清古碣隱君家。遊人亦卧東山麓，醉倚煙蘿學種瓜。麓有寺，曰延福，後有菩薩泉，出石盤中，有源莫測，聲比絲竹，相傳泉湧則高僧出。山有三十六奇，曰神運殿，唐咸通中，僧建殿，求材於樂山，是夕夢許護送至，果一日江水暴漲，其筏自至，若神運然，故名曰靈樂祠。曰肉身佛。曰檀樾林，昔殿宇甫成，夜有神人，擁徒歷觀，俄隱於林間，每遇陰雨，其中有燈自明。曰菩薩坑。曰仙人橋。曰石佛巖，巖在高士峰巔，陳洪進鐫佛像於石上。曰琴泉軒，宋僧無可建，朱子書匾。李邴詩有"但怪朱絃韻枯木，那知古澗墜寒泉"之句。曰東峰道場。曰秦君亭，唐秦系隱此，系《自若耶溪移居南安》詩：雞犬漁舟裡，長歌任興行。那邀落日醉，已被遠山迎。書笈將非重，荷衣着甚輕。謝公無箇事，忽起爲蒼生。後人爲立亭，宋蘇才翁書號其峰曰高士，石刻高士峰。陳知柔詩有"句律森然誰敢敵，偏師元已破長城"之句。曰姜相臺，在山左，有磴可坐十數人，唐姜公輔謫官來此，宋蘇紳大書"姜相峰"字於石壁，旁有東峰亭。曰無等巖，高丈許，鐫"泉南佛國"四字。曰放生池。曰水陸堂，宋僧慧遼放生處。曰御書閣。王十朋詩：黃龍溪上祥雲覆，紫帽山頭瑞氣蒙。俗眼驚傳佛光現，不知宸翰在山中。曰墨妙堂，在奉先院東壁，以蔡忠惠詩故名。忠惠入延福寺，登秦君亭，觀白雲井，訪北臺，還題詩奉先院東壁：日照溪山生翠光，春深花草雜幽香。登臨誰識遲留意，門外塵埃去路長。後林少卿建堂其上，額曰墨妙。曰亂峰軒。曰聚秀閣。曰廓然亭，亭在山半，宋元豐間建。陳知柔《送梁狀元叔子於廓然亭》詩：廓然亭上少遲留，萬壑風烟眼底收。飲罷征車已倦發，都人待看上瀛洲。梁克家次韻：已行更爲玉泉留，好景煩公傑句收。紫帽峰前雙鷺下，幾多清興滿滄洲。曰思古堂，在山阿，朱子建，匾曰仰高，蓋景行姜、秦之意。王十朋詩有"黃花境界誰思古，堂在烟霞縹緲中"之句。曰釣臺，累石爲之，秦系自號東海釣客，故名。曰一眺石，在石佛巖前古榕間，有石如盤，廣丈餘，登其上長江叠嶂，宛然在目。曰翻經石，梁時有僧翻《金剛經》於此。曰碧玉峽，兩石相並，如玉立。曰小清涼石，方廣丈餘，古木葱鬱掩映其上，登者必先憩於此。曰石龜、一作石窟。石碾、石盆、石硯①，秦隱君遺物也，石硯，公緒注《道德經》硯也。四者在秦君亭側。曰自然磉殿，西有石如礎，自然天成，當時因以架柱。曰白雲井，《閩書》：在北峰之南，又名釣龍井。《九日山志》：白雲井在延福寺殿東，釣龍井在懷古堂下。與《閩書》不同。曰惠泉，在放生池上流。曰翠光亭，宋時建，天光雲影，上下輝映。曰晉朝松，《唐書》：晉松百株，秦系愛之，卜居其下。《閩書》：偃蹇蟠屈，異於常木，或天陰雨，有龍攫其上。王十朋詩：老節蒼蒼不計年，傳來恐在太康前。虯枝翠髮梳風韻，猶似清談往昔賢。曰無名木，宋時木也，莫識其名。王十朋詩有"一木蒼然老更奇，肯將名與世人知"之句。曰醉石，在高士峰頂，有池一區，其草如茵，可以醉客。一作醉席。曰砌石庭。又有石牆、百級石、鎮風石、葫蘆石、賽鵝溝、佛岑塔、賓月軒諸勝，今諸奇俱廢，存者亦零落矣。

　　金雞山　傳有金雞止其上。

　　玉枕山　遠望如枕，高插雲霄，下有清水岩，宋呂大圭讀書處。

　　瑞峰山　一名四瑞山。山端銳秀拔，芝蘭梅竹生焉，故名。

　　明心山　高大明秀，上有明心寺，祈雨甚靈，又有四泉亭。黃河清記略：出縣治十里許，遙見一峰，高出水際者，明心山也。一日，遊至岩麓，岩道陡絕，但聞入耳聲潺潺，訊輿者曰："非泉聲乎？"覓一籐杖，携殼醴，溯所聞，出岩百餘武，樹林茂密，有泉自樹杪鳴叢薄間。偵樹根，出入於深潭。又前數武，一樹立道周，樹下小池一區，上有亂石，流泉濺濺。又里許，泉自高蓋山尖飛動蜿蜒，如舞白虹而下。至山腰，如垂乳，如懸瀑。予面壁而坐，僧曰："前一泉更清灑。"往移里許，遠望縈縈泉流蔓中，掬泉咽之，泉清入骨，語僧曰："亟爲余作四泉亭。"

　　靈應岩　一名紫帽岩。有唐道人手植竹。

　　高蓋山　與永春界山，頂方平如蓋，亦名詩山，下有詩村。東去三十里許爲青山，上有孝子亭，明邑人楊守愷事母至孝，築亭以憩行人，人因名之。

　　天柱巖山　上有天柱巖，高可望郡城，岩巔鐫佛像，高丈餘，嘗有雲烟覆之，里名蓬島，四圍八山拱向，中有田，田中兀起數小山，如棋子然，俗謂八仙奕棋。

　　郭山　在十二都。山有威鎮廟，神姓郭，世居山下。

　　城山　樹木環匝如城，有溫泉四，三熱一溫。

　　白龜山　有怪石如龜，其色白皙。

　　臥龍山　形如臥龍。

　　香爐山　形如香爐，常有雲氣往來，裊如煙篆。宋鄭鑑詩：峙立交輝紫翠間，疎簾半捲鎮長間。神仙似有祈年術，一縷青煙起博山。

　　半月山　以形名，下有巨石湧泉，唐僧契璋，曝身石上以祈雨，鄉人築室祀之。

栢峰山　多栢木,亦名雲秀山。有資福岩,產佳茗。

留斾山　雙麓如斾,下有龍潭。

仙境山　在三十八都。亦名高田山。楊樵夫遇仙處。

雞暮山　昔有金雞止其上,暮飛去。又稱雞籠山,以形名。

大豐山　山勢豐隆,下臨大溪,又名太湖山。下有明歐陽秋獨善山房。

楊子山　多泉,清洌常流,有寺曰清水岩,舊傳楊進士肅讀書處,又云楊肅常登是山耳,亦名欹髻山。山迤右峰石矗立,東有石室,西有龍泉,下有溜馬石,界一白痕,游者藉坐松楸,爲戲溜竟,直則得雄,偏則得雌,每以是驗。

華表山　雙峰夾拱如華表,麓常產芝。亦名芝瑞山。

鴻漸山　一作黃漸。南、同分界處,亦名黃菊山,山麓野菊生焉。宋時有泊泉庵,泉出石罅,祈雨多應。山腰有石窟,盈涸應潮,下有盤石,明郡守程守民破賊於此,刻"海上視師"四字。

象陷山　形如伏象。

高鎮山　一名雞髻山,土肥泉甘,多產棗栗。下有翠峰屏,天成洞穴,詹道人居之。東有小石岩,僧法盛居之,法盛嘗騎虎往來,今巖中有石虎像。

楊梅山　下有虎廳岩,岩中有石如虎。芭蕉坂、緩步徑、洗心泉、流觴池、天然榻,亦名雪峰巖,五代僧義存焚脩於此,後栖雪峰山,故沿其名。山橫亘如列屏,遠望又如笋尖,幾埒紫帽。

金石峰　上有石刻"周將軍印"四字、"金石峰"三字。明黃懋京詩:尊酒相携對客吟,將軍遺跡在孤岑。青山豈動悲秋意,白日偏寒弔古心。烟火幾村含樹色,牛羊一笛下溪陰。逢人欲問殘碑字,無數蒼苔没已深。

瓊山　中有龍潭,禱雨輒應,又名龍潭山。上有天心洞。

龍光山　上有龍光院,建時飛龍夜見,故名。

古艮山　山半有岩寺,相傳有神龜化爲道人,過此題詩於壁,寺圮乃滅。

御看山　在二十四五都。巔有聖泉,可療眼疾。

英山　一作英发山。三峰聳立如屏。旁一山爲翁山,又名駝背山,若老翁然,居其下多壽。背後復有三山並峙,曰三公山,安溪縣治之對山也,以山兩翼如鷹將舉,亦名鷹山,又名馨山。昔人得古木如佛像,有異香,築巖供奉,名馨山巖,產茶甚佳。山有石佛、滴水、古蹟、翁山、獅子,雲從湖內七巖下爲英洋溪。

九仰山　山勢仰天者九,對面爲獅子山、石佛山。山有石,高七丈餘,如佛身,其橫出者長可偃臥一人,望如佛掌。相傳有童子牧牛,置兩笠石上,亭午望之,若增高數丈,鄉人奇之,因鐫佛像。

困山　形如困,航海者率視此爲標準,風雨時或聞雷聲在下。《閩書》有龍泉窟,五代留從効禱雨有應。下有來殊山,明時建九鯉湖仙祠。

古蹟一作苦竹。山　山有古蹟巖,昔有隱君寓此,石床石印,遺跡尚存。隱君好竹,至今多竹筍,名英筍。

梅花山　上有嶺,多梅。

鸛石山　初有鸛巢其上,或鳴則雨。李文肅以其上下相承,狀如鼓,名石鼓山,又名福壽山。

鳳栖山　有南平石柱,登其上可望百里,天欲雨則柱出泉,相傳昔有鳳栖其上。

五峰山　頂有石覆如屋,其色嶌然,名白石山,亦名一片瓦。明羅倫詩:翠微深入興優優,身世飄然閬圃遊。天界青山雲外斷,地分滄海日邊浮。仙家白晝應無夜,玉樹長春未覺秋。歸去客窗孤枕夢,悠悠多在五峰頭。前有二石,長十餘丈,高如之,相對如魚,又有石白如畫鶴者二。山多靈怪,西下有白雲巖。劉濤詩:白雲巖在白雲間,巖下千山與萬山。莫向公卿容易道,恐伊來此一生閑。有獅子巖,大石突起如獅子。有靈泉。又有覺海巖,僧覺海所創,上產佳茗,巖石高嵌如燕,亦名燕巖,中有寺。明莊一俊詩:覺海峰頭五老峰,仙人手種玉芙蓉。時騎天上雙飛鶴,欲訪人間一臥龍。流水不知花落盡,青山久與客相從。丹砂自古醫塵俗,羨爾千秋學赤松。

大羅山　上有羅山寺。或曰創寺時鑿池得螺,因名螺山,寺名大螺,後訛羅。

惠　　安

芹山　即芹嶺。下有芹溪,產芹藻特美。

三髻山　三峰上聳如髻,中有深塹,石梁橫之,名仙人橋,旁有方石如砥,名仙人局，有靈湫，祈雨多應。此山時出高僧。上產萬年松、龍鬚草。

螺山　縣治負山也。形如螺螄吐肉，宋令趙汝禀以其有龍蟠鳳舞之勢，鑿鳳池，瀦龍湫溝水注之，又名登龍峰。崔拱惠安人，宋端拱二年進士。及二子正則、麗則俱進士。讀書於此，相繼登第。又名羅山，唐羅隱寓此。附錄：俗謂隱出語成讖，故黃滔詩云：三徵不起時賢議，九轉終成道者言。畫馬石及深滬之石壁山書字皆其跡。

登科山　舊名登高，舊時邑人登高此山。宋盧瞻讀書於此，瞻以八行舉，易今名。嘉熙間令鄭清子勒"登科岩"三字於石，又名高士峰。明張桓石刻十六字曰：身在翠微，眼空溟渤，足躡青雲，手扶紅日。有甘雨、靈雨二亭。

片瓦巖　山於諸巒最尊，巔覆巨石如瓦，上有洞玲瓏，可坐百人。

盤龍山　自雲峰分支至接待嶺，復起七峰，重疊而來，甚盤曲，王十朋有"青山環繞如盤谷"之句。

城山　在二十八都。與文筆接如連城。《閩書》：東連大海，西接長江，迴縮如城。宋陳宓詩：穀城岩穴似飛來，十里湖光鏡面開。夜雨松窗僧榻靜，秋風柳岸釣船回。尋幽便叩興雲洞，乘興還登呼月臺。每到西湖吟詠處，令人偏憶故山梅。

文筆山　舊名香爐山，三石錯峙，旁象鼎耳，中如爇香，後人更積石兩耳之旁，而刻其上為"文筆"，學宮當其陽。

松洋山　邑山最高。絕頂巨石對峙，常有雲氣覆之，北有洞，僅容一人側入，中乃可容二三百人，洞門石罅有老藤直垂三丈餘，入者縋以下，藤不枯不萌，亦一奇也。

錦田山　下有田，五代漳州刺史張清溪居此，晝錦歸，號其山為錦田，溪為錦溪。又唐黃訥裕家此前坡，夜見光采，建葆光堂。

白雲巖　前道左石叩有磬聲。詳見後。

嘶山　相傳五季時山上忽嘶，聞十餘里。

大岞山　在縣東南大海中。有石臺、石鼓、石磬，山陽有洞，由小門入，折而右，巨石蔽內外，中容數百人，明初居人避倭焉，寇不能攻。山多怪石，有鐵磬，叩之聲聞數里。又有石倚江渚間，齦齶如龍，名龍喉。山產沙參。明戴一俊《龍喉》詩：

萬頃波濤百仞山,苔封靈跡絕躋攀。洞深疑有蛟龍在,笙鶴時聞駐此間。

小岞山　濱海,地産紫菜。

伏虎岩　上有清泉、石室,宋僧道養隱此,能伏虎。蔡忠惠嘗讀書處。

五公山　有石刻"五公山"三字,梁時唐公、志公、寶公、化公、朗公隱此。今山石上尚存靈符五道。又名下江山,唐尚書江盈家此。北麓一阜爲小山,山有石鼓,明張岳讀書處。

塗嶺山　昔涂姓兄弟三人居此,殁而神,鄉人祀之。

鸛堂山　瞰洛陽江,頂有巨石,鸛常巢其上。下有西鸛嶺。

佛通山　洛陽未橋時有陸路通郡城,因泉稱佛國,故名。

石船山　在洛陽江頂,石形類船。明葉春及詩有"石船高駕碧山頭,似畏風波急暮流"之句。

安　　溪

鳳山　縣主山也,一峰分爲兩翼,若鳳翥然,一名鳳髻山。頂有菴曰通元觀,有鳳池,宋朱子按事於此,題菴壁曰:心外無法,滿眼青山。通元峰頂,不是人間。又詩:縣郭四依山,清流下如駛。居民烟火少,市列無行次。嵐陰常至午,陽景猶氛翳。何夕悲風多,遊子不遑寐。我來亦何事,吏乘古所記。捧檄正淹留,何當語歸計。明邑令改菴爲文公書院。上有憑虛閣,下瞰城郭,上拱筆峰。詹仰庇詩:王殿香飄翠影浮,東岩真氣亂峰頭。千村烟火孤雲晚,百雉山城萬樹秋。大嶺霞殘飛過鶩,清溪天净舞潛虬。盤桓且醉今宵月,况伴神仙太乙樓。

五閬山　在感化里。一名陳五郎山。橫亙六七里,上有兩尖,中尖高處,晴明可眺海及郡城東西塔。障水口者有五山,《閩書》:山有石平廣,裂痕如切成者,有巨人跡。舊名仙鋪庭,庭後有龍潭,山麓有泉自石罅出,鑿池瀦之,名蠏眼泉。

翠屏山　上有巨峰,亦名大尖。宋時山有異光,道人黃惠勝來居其處,禱雨多驗,人因去尖字,號太山,後爲顯應大師坐化地。

小尖山　在大尖東,黃惠勝初居此,號山曰寶峰,將徙大尖,語人曰:劉寶來吾庵,其爲廳事乎。後平江寇,官軍駐庵,將果劉寶。

蓬萊山　舊名張岩山。中有清水岩,岩列三層,繞壑而至,宋普足禪師道場也。舊有大石當路,一夕自徙他處。上有清水寺,有截竹逕,栽含笑花,其枝至逕而返,尋復內向。有出水石,俗呼出米,宋淳熙間寺田無水,應圓頭陀杖石出水。連三益詩:蓬萊一境最奇哉,門外坑流傍石隄。巨竹不知何日裂,喬松總是昔年栽。石移莫匪神工運,岩築更無山鬼來。料得衆僧行道處,大花郁馥徧蒼苔。

魁斗山　如魁斗,三面臨溪,下有橋。

舟山　峰頭亘崎,遙望如舟,與南安、永春交界。

太平岩　在水湖山背,又名岱屏山。頂常帶雲霧,中有湖,景甚佳。

鷟山　在來蘇里。又名猴山。山多石,下有龍仙廟,明胡女仙英飛昇處。山有降真藤。

天馬山　山形馳逐如馬。

三笏山　以形名。上有九峰岩,樹木蓊鬱,古石盤踞。

大寨山　上有舊寨址,故名。

戴霧山　雲烟繚繞,極霽始見山巔。

雞髻崎山　形似雞冠。

南斗山　上有六小山,列如南斗。

太湖巖　湖中有古木頭,相傳張道源建寺,井中出木。詹彬詩:發源自佛耳,名刹難稱儔。不雨山長潤,無風氣亦秋。銜盃僧共座,穿徑月同遊。寄語長安客,何如此地幽。

鐵礦山　其山產鐵。

桃洲山　上有三臺石屏,亦名石屏山,又名吳山,宋吳真人嘗修煉於此。

眉山　常有雲氣橫列如眉,又謂青雲山。

馴馬山　山勢奔騰如馬,亦名馴嶺。下有石人,呼則石如應,名曰應石。有雙鯉石,在霞坑潭中。有芹石,高廣數丈。又有龍虎石。

九峰山　在佛耳山前,亦名九仙,五代詹敦仁建望雲亭面峰,以寓思親之意。敦仁詩:太白歌中昔未聞,佛天高處卻逢君。姓名不落人間世,何事今朝不望雲。佛耳山亦名佛天山。

白葉坂山　山產白葉竹。

羊角山　有二。兩峰欹嵌如羊角。

菡萏山　頂如荷花，山背有馬蹄石。

斜璆山　九峰相連，展若屏障。

銀瓶山　狀如銀瓶。

石人嶺　上有三石，如人屹立，又名三臺山。

水湖岩　上有湖，大旱不涸。湖外有曝谷石，廣而坦，宋普足禪師嘗憩此，里人爲建岩焉，每夜深嘗聞鐘鼓之聲。

彌勒山　上有圓頂，形如彌勒。

天山　在新康里。突起三巒，東俯馬山，西伏鼇峰，穹然天高，下有芹藻洋。

三公山　有三峰，似公字，又曰文筆峰。頂有龍水岩，大旱不涸，旁有石棋盤。

黃檗山　又名廉貞山，又名午山。深林邃谷，有筍蕨稜稻之饒。舊傳有人入山遇仙，越旬方歸。中有五峰石，又名頭陀岩。

閬山　在永安里。又名浪來山，謂其山勢似蹙浪然。有閬苑岩，唐普足禪師嘗遊此，及宋紹興中，示寂已久，忽有雷火夜燒此山，鄉人躋視，見師擁雲霧上昇，乃建廟爲清水別岩。有仙姑岩，相傳馬氏女採花岩中，成仙去。下有月潭。

白菊山　多白石，望之似菊。

烏岩山　在依仁里，地名貴湖。又有瑞蓮岩，岩前池嘗產雙蓮。有龍安岩，一名青林岩，岩之最大者前有石筍卓立溪心，號爐峰，五代清豁禪師居之。

大眉、小眉二山　在馬旂山東南，形如眉，又名眉田山。宋黃銳詩：一嶺復一嶺，一巔復一巔。步丘皆力穡，掌地也成田。線引山腰路，針穿石眼泉。眉山同是號，此處合生賢。

羅漢山　上有羅漢岩，宋名僧飛昇處。又名九仙岩，下有羅漢渡。

塔斗山　屹若浮屠。

仙境岩　在長泰里。明道人卓晚春遊此，有詩題壁。卓甫人有道術，號小仙。

金沙岩　在依仁里。宋建炎時興刹，水中流出金沙。

同　　安

三秀山　三峰秀出如筆架，爲邑北鎮，一名仙人掌。下有坑，曰萬濤，石壑陡立，曲折幽奇，中有石榻、禪床、巨人跡，上有馬坪、牛皮崙，明僧結庵處。明池顯方《牛皮崙訪休歇上人》詩：狂風怒水一齊鳴，畫裡遊人壁上行。六載深山和雪定，兩間茅屋半雲争。戒衣掛處天華墜，慧炬燃來野霧晴。透得牛皮方到此，本無休歇亦無生。

葫蘆山　平地突起如葫蘆，有四小山，俗呼五蘆。

大輪山　群峰自北奔躍如車輪，其西南名羅漢峰。傻玉立詩：羅漢山攢翠作堆，半空山柱擁如來。九霄人立青雲上，笑指曇花玉樹開。北有二松，朱子書"戰龍松"三字。越壑而上，有朱子"瞻亭"二字，相傳賈似道過此欲滅此石，其夜字自倒掛，後人鑱旁曰墜星石。北爲達夫巖，宋縣令莫兼，字達夫，來遊，鎸名於石。稍上爲留月巖，山壁圓洞，凝貯月色，巔有朱子書"極目"二字。

孤卿山　宋少卿林枅居其下。

九躍山　自卧龍九頓九伏，爲縣左臂，一名鳳山。南爲佛子岡，隋時有黃佛寺，明萬曆間建塔，爲學宫文筆。黃鳳翔記略：鳳山石塔，爲贊宫建也。邑侯洪公，躬涖明倫堂，向鳳山凝睇，曰：兹山也，於方直巽，且離方連綴，巽與離皆文明地，盍營筆峰而聳之。

西山　在縣城西十里。上有西山岩，又名白雲岩。石罅中有聖泉，四時不涸。

蓮花山　狀若蓮花，又名金冠山，亦曰夫人山。舊傳此山與寶蓋山相映，多産貴女，上有石岩，朱子題其上曰"太華岩"。

聖水泉山　山有慈雲岩，建於宋端平，亦名端平岩。明蔡獻臣記略：端平岩，三面皆山，戊戌歲登其前峰，峰頂有方池，儲水可溉田，南面碧海若帶。乙卯重游，度石橋扶掖而行，泛至，坐石塔下一茶時，遂至岩前，聖水半甃在刹後面階下。又牛山盤石有穴，舊傳穴水通潮汐，今惟一勺潢汙耳。兹山不減西山，而岑蔚之趣勝之。其西南峰疊石及塔下諸石尤奇。

豪山　有龍潭，天將雨，龍擊水聲如鐘磬，時有五色蟹流出。下有廟，宋朱子、真西山嘗禱雨立應。

應城山　在縣城北里。上有普慈院，舊傳院中鐘聲與城鐘應，今廢。旁有堤，朱子築以補龍脈。

吳淮山　或謂其高可望吳淮之地。

北辰山　距城東北二十五里。上有巖，巖側十二龍潭，祈雨多應。潭旁二潦，東鳴則風，西鳴則雨。

東大帽山　上有巨石，如階九級，有岩鎸石佛，又有龍潭，山陽曰白雲山。

清水巖　宋紹興中建，以祀昭應慈濟大師。建時有童子衣緇坐險石上，謂人曰："巖成之後當名龍。"忽不見，尋有甘泉湧於坐石下，人名聖泉。

三魁山　三峰秀奇。

鴻漸山　與南安界。互見南安。

鵲山　如鵲之跂。

乍畫山　上多奇石，倩秀如畫，下有石如魚。

福船山　宋時有福船院。形似覆船，易以嘉宇。

御踏石山　有三巨石連接水中，宋幼主入廣逕此，人鎸其石曰御踏石。

五通嶺　舊祀五通神。上有二巨石夾路如門，石上有跡若魚頭上向者數十，上刻"龍門"二字。

斗拱山　上有石巖，澗產九節菖蒲。

白虎岩　在縣西南。石壁玲瓏十餘仞，東有石湖，約十里，可通往來，舊有白虎爲害，僧制之，一日僧騎虎入洞偕化。

仙棋山　崔嵬甲諸山，頂有棋盤石，旁一石指臂宛然。

夕陽山　在城西。以山接落日名。上有遁跡巖，唐宣宗嘗遁跡處，與黃檗斷際和尚觀瀑，檗吟云：穿岩越壑不辭勞，到底方知出處高。宣宗續云：溪澗豈能留得住，終歸大海作波濤。距寺里許有國師巖，巖前有石如鼓，叩之作鼓聲；石洞二竅，相傳宣宗時出米供食，宣宗去遂無；澗有橋，鎸字曰浴龍橋，相傳宣宗浴處。

文圃山　南界海澄，海澄名十八面山。土無頑石，木無荆棘，中有三賢堂，唐謝翛及弟修、主簿洪文用及族人澤，又宋石蕡俱隱山下，清節高風，後先輝映，里人楊志堂以美之。佛利四,雲嶽、雲峰、雲泉、雲嶠,皆文圃支峰。有龍池岩。池中有神物,故名。半山有泉南巖,石簣所廬。附錄:翛字升之,同安人,自廣明西幸,人多忍耻仕北,獨翛遁跡,俟光啓回鑾乃出。登文德元年進士第。翛詞藻爲時輩推許,所居之山因名文圃。

西大帽山　與東大帽俱以形名。

汭洲嶼　當縣丙方,故名。或曰縣兩溪流入巽方,而此嶼在丙,文明之象也。

寶珠嶼　海中沙嶼也,狀如珠。

嘉禾嶼　嘗產嘉禾,亦曰鷺嶼,曰廈門。上有薛頲。又有洪濟山,爲嶼中諸山之冠,上爲方廣寺、黯濟岩、雲頂岩、留雲洞、一片瓦、風動石、星石,雞鳴時登絶頂,遙望海日如火輪。有金榜山,南唐陳黯讀書處。有大石,高十六丈,名金榜石,朱子刻"談玄石"三字。山上有"塲老"、"迎仙"等字,皆朱子書。黯自號塲老,有釣魚磯,黯釣處。又篔簹港口有動石,潮至自動。有浮沉石,潮至則浮,退則沉,風將起則石下有聲,名石虎礁。城南有蜂窠山,高隱如蜂窠。有七星石,森列海中。六里爲五峰山,中有無盡岩,宋僧文翠建,前有普照寺。宋尉滕翔詩:海翻波浪繞危峰,無盡岩前此界空。不是灰心求佛者,片時艱住寂寥中。又有醉仙岩,石窽泉深二尺,味甘可釀,里人甃爲小井,塑九仙祀之。城東有萬石岩,旁有石洞,深可半里,紆迴曲折,泉流其中,其面爲虎溪岩,一名玉屏山,與萬石岩對,上有廣石,明時有嘯風亭。池顯方記略:鷺之虎溪山,秀削嶙峋,下有穴,昔虎居之。予尋幽到此,心賞奇觀,因建刹,名玉屏。左爲大雄閣,稜層洞,夾天徑,後爲石室,上爲雙鯨石,又爲六通洞,宛在洞。秣陵將軍胡真卿視師海上,砌石亭於腰,名嘯風亭,嘯風,將軍自謂也。又旁爲白鹿洞。又有萬壽岩。東近五通嶺有煙墩山,下有官榮石,宋幼主過此,民有饋獻者,悉與官,陸秀夫刻"官榮"二字。

鼓浪嶼　在嘉禾嶼右,旁有日光岩,漳泉用石多採於此,今浮石漸盡。

小嶝嶼　連接大嶝嶼,宋丘葵家於此。下有品泉,一名仙人井。又有石天然方廣二尺許,琢爲弈局,中題曰:萬機分子路,一局笑顏回。稍西有釣石。又東爲鍾山。附錄:葵字吉甫,同安人,爲諸生,居海嶼中,號釣磯,有志紫陽之學,宋末科舉廢，絕意進取，耕釣自給，晚一意著書。後元遣御史來徵，託種圃匿。卒配朱子祠。

　　浯洲嶼　在大海中，廣袤五十餘里，民業魚鹽，士篤詩書，科目爲盛。有寶月庵，上有太武山，山有十二景，曰：太武岩、玉几案、醮月池、眠雲石、偃蓋松、跨鰲石、石門關、古石室、蟹眼泉、倒影塔、千丈壁、一覽亭，士大夫題吟爲多。上有海印室。南又有南太武，特立海中，昔人有詩云：要知海印分明處，一點青山下太江。明豐熙詩：一山高出萬山巔，絕頂相傳舊有仙。朱草紫芝雲外地，碧桃紅杏洞中天。石盤棋散收殘子，藥竈丹成起斷煙。借問王喬真甲子，尋常七日是千年。太武之南爲雙山，二山大小頓起。又有虎山，如伏虎，與青嶼獅山相對。俗呼五虎朝獅。轉而西南，三山突起，圓若連珠，其大者如龜，左右二山會繞如蛇，名曰金山。

　　變山　亦海島也，將雨則現，晴則隱，海中礁石落潮退後時露馬跡。

附　　載

　　地勢　晉江北枕清源，西拱紫帽，漲海經其南，岱嶼襟其會。又堪輿家謂之：三臺山、八卦水。南安葵山後障，儼如列屏，重以雙陽，左峙九日，右蟠金溪。束衆流而前繞黃龍，吞巨海以上潮。

　　惠安陸通閩廣，水達諸番。螺陽峙後，文筆聳前。附錄：明林希元《至白水鋪》詩：山過壺公白水連，泉南風土尚依然。征輿冒雨衫俱濕，老病還鄉世所憐。曉霧滿空悲濁世，秋秔偏野喜豐年。故人隔在秋風外，欲寄梅花未有緣。安溪建縣説：發岡自乾亥而來，轉勢從辛兌而入。向丙巳以奉離明之化，流寅甲以伸震疊之威。同安東南十一海島拱列獻奇於前，西北十六峰巒疊出擁秀於後。

【校記】
　　① "石硯"：按，下又有"石硯"，此誤。

温陵事考卷二

水

晉　江

洛陽江　晉惠界江。合晉江東北諸山康溪、長溪、留公陂陡門，東入於海。上有萬安橋。詳見橋跡。水以漳、洛名甚衆。洛，落也。水落下曰洛。舊稱洛洋。或曰唐宣宗微時至此，謂風景類西洛。鄭之鉉詩：一望雙橋出，洛江到眼明。蠣房潮始壯，鼠麯地深生。打網勞防水，呼魚點作兵。海氛殊警急，井里不勝情。

長溪　在郡城北。溪受大帽諸山凡九水合流注此，下達留公陂。王十朋詩：老矣倦遊宦，入閩知山川。三山疑隔海，九嶺類鑽天。插稻到山頂，栽松侵日邊。長溪水無限，前更有清泉。

晉江　在縣南。後又分西爲筍江，東爲浯江，又東爲溜石江、蚶江。凡四江皆可謂之晉江，別求所謂晉江者不得也。以晉南渡時衣冠避地者，多沿江而居，故名。其西承永春、安溪、南安諸水匯爲黃龍溪，東流至臨漳門受凌斜溪、韓陂諸水，別名筍江。鄭之鉉詩：秋色憑凌氣太驕，兼葭一水冷瀟瀟。千年斷筍猶依壁，百丈斜虹直過橋。天外帆檣遮旅雁，石間風雨下寒潮。解吟楓落吳江者，此地應知更寂寥。又東流至德濟門外，別名浯江，東山渡及龍鬚郊水二涵皆合諸水來會。又東流逆北，環城東南。復東行至溜石，名溜石江，甕竈、葛洲二溪皆合諸水來會，舟行頗險，明守蔡建塔於江上。又東至法石、石頭、聖姑、岱嶼，別名蚶江，此晉江入海之水門也。地饒魚鹽，而苦卑濕。宋元符間僧懷應甃石爲路，自北暨南二十里。

南　安

金溪　在縣西南。源始於雙溪口，以永春桃溪、安溪藍溪，交會於此，故名。

其自永春來者合於便口,由便口而下爲大歷灘,其左右水來會,合流至於鄭山渡,其右復由七都大山陂,爲洪瀨渡,一作黃瀨。又益以瀘溪等水,折而西流,曰白蚌渡、灣下渡、白葉渡。其左水、右水,又皆與凌斜溪之水出潤埕渡者同達於雙溪口。其自安溪來者,接羅渡之水,左至於英溪口,右至於珠淵渡,一作烏淹。水中石刻"珠淵"二字,朱子八分書"國水渡"三字。又左復會於莊水渡,右歷羅水渡,更益以二水,然後爲龍光渡,亦達於雙溪口,與永春之水合流,經楊客渡行至金雞山下,是爲金溪。朱子嘗與傅自得泛舟賦詩。自得詩:秋月天然白,溪流鏡樣平。喚船同勝賞,把酒話平生。擊楫魚頻躍,忘機鳥尚驚。茲遊還可繼,家釀爲君傾。朱子詩:扁舟轉空闊,煙水浩將平。月色中流滿,秋聲兩岸生。杯寬同醉極,嘯罷獨魂驚。歸去空山黑,西南河漢傾。明史于光詩:九日山頭向曉開,疏嵐飛翠落舟來。鶯藏春岸嬌啼柳,犬隔寒溪漫吠梅。携酒期登聚秀閣,懷金欲買釣魚臺。可憐姜相峰前石,獨宿無心雲一堆。其西南兩港及嚴浦諸水來會於金溪,歷黃石渡,水中巨石蟠結,復有一石疊於其上,高幾一丈,四圍空洞,疑若麁麂,而洪波衝突,屹然不動。相傳此石能隨水上下,謂之黃石。繞縣治南,別名黃龍江。歸化里西平、五峰二山間,時有龍見,五代吳長史登樓見龍,射之,龍抉起,山裂爲溪。一説宋曾會登第二,黃龍見溪南,石起宗亦登第二,龍亦見,明黃養蒙亦然,邑令題養蒙書室曰:黃龍三見。

壽溪　在縣北。溪南北居人多壽,源出覆鼎山下,縈紆達於九溪。

惠　　安

菱溪　發源於觀音山後懸鐘嶺,折而東南至此。元盧琦記略:惠之北鄉,菱溪爲勝。溪之上,兩峰對峙,一水出兩峰之間,或淵漻莫測,或淺僅没膝,瑩徹静幽,魚之往來可數也。溪多石,水觸之有聲,其最巨者羅列水中,水束而過,凡幾曲折而達於驛道之衝。宋治平中,橋之以渡,即永濟橋是也。

安　　溪

藍溪　在縣西北,以水色名。發源自北岩、根竹、吟詩諸山,至大洋渡,又合諸水,至澳下渡,始通小舟。又流爲凌淵諸渡,合龍潭、下湖、湖頭三溪水皆會,入常洲渡,抵黃龍渡,與南安别。是爲藍溪。宋林伯春詩:羊腸路入最高峰,倦倚東風點瘦笻。芳草有情春意遠,青山依舊暮雲重。新來梵閣添奇觀,前度詩人帶老容。寄我此身天地裡,夢回林杪一聲鐘。旁有紗帽石,繞縣東南有學前灘、葛盤灘,歷北地灣、石佛前灘、巨石如佛。參峒灘、翠屏灘,夾溪皆石,峰立如屏,俗呼拘石港。東出羅渡,逕象前灘及諸灘,至珠淵渡,達雙溪口,會桃溪,抵金溪,入晉江,達於海。

同 安

西溪 在縣治西豐津門外。發源於安溪界,歷本邑西流,折而南,又合諸水,繞縣治,逕而南橋與東溪會,東行入於海。《萬曆府志》:兩溪會處,有銅魚、金車二石,爲水口雄鎮。溪中三石形如魚。色如銅。古讖:銅魚水深,朱紫成林。又云:銅魚石上排金車,此是公侯宰相家。故城與橋名銅魚,館名金車。朱子刻石曰中流砥柱。明知縣李建亭,匾曰觀化。後圮,魚亦湮没。國朝康熙間修復,朱奇珍記略:石以魚名,肖形也,魚以銅名,肖色也。名之者誰?紫陽夫子也。夫子俯察地理,引城濠之流以注焉。泉流活活,三魚潛躍,圓珠前吐,石亭蔭蓋。爰考南宋而後,許、王、丘、林後先傑作,實惟銅魚既浚,理學輩出也。嗣後銅魚沉没,道脈一派,遂爾絶響。予心戚之,而以高士軒、文公祠及志書、監城諸大役,極力修舉,王君遂侯翻然以身任之,意何厚也。未幾廢。乾隆丁巳,邑令唐清理周圍,環以石欄,辛巳縣令鄒開濬城濠,通水入池,即舊基蓋亭,仍名觀化,增高扶欄,立石紀之。明蔡獻臣《游銅魚亭》詩:神魚迎水躍,天馬護亭斜。奇蹟何年隱,勝遊今日夸。午風催急雨,夜月坐平沙。隔堞堪呼取,如澠不用賒。

晉 江

東湖 在東關外,亦名萬婆湖。萬媼顯靈於此。唐貞元中,席相爲守,嘗置酒湖上宴歐陽詹,此時湖面可四十頃,上有東湖亭,是日客有天水姜閱、河東裴参和、潁川陳翃、邑人濟陽蔡沼等,並獻佳章。今廢。又有二公亭,刺史席相、別駕姜公輔遊憩於此,郡人因建亭,後圮。宋慶元間,守劉穎開濬,積其土爲四山,置陡門四所以通潮,因以爲放生池。淳祐間,守顔頤濬之,積其土爲三山,中造二橋。明初分爲上下二塘,塘内出魚荷,中有七山,名七星墩,即宋慶元所積四山、淳祐所積三山也。上塘水由七星坑來,下塘水由尚書塘來,二水俱從清源山諸坑而下,南有二陡門,左名龍鬚涵,右名郊水涵,俱通溪潮,遇旱則開陡門以放溪潮入塘,灌溉湖心、鈔坑等洋田。王十朋詩:二公亭插芰荷間,綠蓋紅妝四面環。若把西湖比西子,東湖自合比東山。明莊一俊《過東湖蓮花猶開》詩:來往東湖半里程,田家幾處不知名。客驚落葉城中下,人在荷花水上行。八月風光翻夏賞,一年景象報秋成。登臨不覺停驂久,好聽前村長笛聲。

龍湖　周圍二十餘里,積水三丈,旁有龍湖亭,元時建。龍湖與虺湖相去僅咫,龍湖水綠,虺湖水赤,若雌雄然。龍湖舊傳與海通,湧沙界其中,或見龍出沒焉。明陳讓導龍湖碑文略:華表山東行赴海,舍於十里之上,爲馬坪山,二隨東下盤舞如交龍,旁廣而中深,窪然天陵,周四十里。水環洄不涸不溷,天將沛澤,則湖光潎蹇,神物飛騰,風雨奉之,中有泜可五六畝,藻離離探之無止。世傳脈通東溟,名曰龍井,上有龍宮,歲旱賢守令皆躬禱焉,焚牒水上,有魚迎牒,則雨立至,無則雨未可知也。南隴外捍以海上諸山匯爲虺湖,視龍湖差低,昔人取清濁高下之義以名二湖,因地設也。水東南合流,北放於海。丁未春,霖溢害稼,邑侯宋公扇揮居民鑿道,須臾水道通,田禾皆露,民感侯之德,勒石龍王宮,以垂不朽。

樟木泉　在二十七都。周顯德中,歲旱禱神,一夕雷震古樟木,有泉自中出。

鎮西池　在義成門內。深七丈,俗呼七丈潭。歲旱不竭,中有小阜如星,與木塔對峙,居民以爲鎮星,富庶以此。

洗馬池　在城西隅。五代留從効洗馬處,宋留正築亭其上。今湮。

複井　在獅山崇真寺畔。歲旱不竭,底有石眼。

七星井　譙樓前各二井,相對如斗形。一在大司丞坊前之西,一在闤闠坊內,一在崇陽門內之西,如斗柄然。

聖泉井　在崇陽門西。泉脈屢竭,唐湧泉尊者以杖叩之,自是雖旱不竭。

玉泉井　一在公惠坊內,味清冽;一在寶蓋山石塔下,隨海潮汐以爲盈縮,大旱不竭。

龍眼泉井　一井雙口。

玉龍井　在清源下洞之左。國朝知府懷蔭布、知縣王勳禱雨有驗,勒"靈雨應時"於石。

龍湫六井　在羅裳山下。泉脈相通,汲一井,則五井之水皆動。

石眠井　在十六都石壁之麓,濱海,石堆中天然如甃,泉甚甘,潮長則没,退則味甘如故。

南　　安

弓潭　有上中下三涵如竇,三泓如甕,涵水各入泓中,相傳有龍潛焉。
劍潭　在三十四都。相傳宋元符中,有雙劍從空飛下,至潭化爲龍。
六龍井　在甘棠亭側。井六角,皆有木根蟠結下垂,其狀如龍。
周井　在縣治北。水深不數尺,亢旱不竭,相傳周姓鑿。

惠　　安

金蓮池　在縣治南。産花似蓮,其色若金。
金剛井　在官路旁。以《金剛經》勒於甃,環砌之。

安　　溪

月娘潭　在閬山巖下。大旱而零,有黿出波心即雨,或呼月潭,以形似半月,潭中蓮花石,出水三丈餘。
三層磜龍潭　在馬旂山後。有三潭,下一潭最深,禱雨輒應,有瀑布飛泉之勝。相傳禱時魚蛇見則雨,龜鱉見則旱。上有龍王廟。
白水磜潭　在長泰里。有上中下三潭,瀑布飛泉,奇境異常。黃穉谷詩有"晴天不斷四時雨,千載常懸太古音"之句。
鐘坑磜　在侯山右麓。有瀑布傾出,水流風動,聲如洪鐘。

同　　安

南峰潭　在縣南。潭上有堂,宋縣令鄭將祭於潭,一夕雷電交作,須臾大雨,堂前古木皆焦,因書壁以紀事。
龍湫潭　舊傳有龍穿出,分三竇,其下相通。
虹井　在嘉禾里。石盤成穴,宋紹興甲寅,秋虹嘗飲之。
將軍井　在崎頭白嶼。國朝施琅造戰艦時,拜禱得甘泉,砌爲井。

晉　江

　　石筍橋　在筍江。宋皇祐初，守陸廣造舟爲梁，名履坦，一名浮橋。元豐七年判官謝再修，斷舟以續梁道，改名通濟。紹興三十年，僧文會始作石梁，長八十餘丈，翼以扶欄。王十朋詩：刺桐爲城石爲筍，萬壑西來流不盡。黄龍窟宅占江城，呼吸風濤勢湍緊。怒潮拍岸鳴霹靂，淫潦滔天没畦畛。行人欲渡無翼飛，魚腹蛟涎吁可憫。二三大士爲時出，目睹狂瀾心不忍。小試閒居濟川手，遠水孤舟寇忠愍。亦有山僧願力深，解使邦人捐倉囷。五丁挽石投浩渺，十指琢山登峋嶙。辛勤填海效精衛，突兀橫空飛海蜃。趾牢千尺鮫人室，護以兩旁獅子楯。南通百粤北三吴，擔負肩輿走騋牝。論功不減商舟楫，遺利宜書漢平準。莫將風月比揚州，二十四橋真蠢蠢。我時出郊春雨後，鷺點沙汀揚鷹隼。江亭矯首獨遐觀，有客南來杯共引。欲咏河梁擬蘇李，頗類鑑湖逢元稹。江山不逢賢太守，袖手沉吟覺才窘。況無鐵筆擬端明，徒使時人笑蚯蚓。綉衣屢約吾來游，未遂堪嗟德星隕。向來嘗以記屬我，固避牢辭慚不敏。傳聞江欲飛棟初，異論紛紛互矛盾。世無剛者橋豈成，名與萬安同不泯。

　　順濟橋　在德濟門外。宋嘉定四年，守鄒應龍造石橋，長一百五十餘丈，翼以扶欄，以近順濟宫，故名，俗呼新橋。何喬遠記略：浯渡橋者，郡南門是也。取漳，潮道悉兹來往，惟橋之前累石爲葆，惟上有臺，浮屠截然，石人有二個，而戟門諸門撑柱將頹。惟橋之西，溪海之會，風潮之所撞。惟橋之東，海船所凑，無地係纜，樁于橋梁之下，此皆橋害也。邑令陳公，乃往請詹君圖焉，壬子夏而載工，癸丑春而畢。莊一俊詩：江樹離離若可齊，江門之水下浯溪。諸峰返照潮聲遠，萬户滄洲烟火低。來聽漁歌鷗泛泛，去隨秋色草萋萋。道人那得傷心恨，一任西山送日西。

　　安平橋　在安海港。宋紹興八年，僧祖派始築石橋，未就，二十一年，守趙令衿成之。釃水三百六十二道，長八百十有一丈。趙令衿詩：爲問安平道，驅車夜已分。人家無犬吠，門巷有爐熏。月照新耕地，山收不斷雲。梅花迎我笑，爲報小東君。

　　吟嘯橋　在三十都。宋咸平中，邑人王養及僧行珍始爲石橋，長十五丈，廣丈餘。唐歐陽詹嘗吟嘯於此。

萬安橋　南屬晉江，北屬惠安，跨洛陽江，一名洛陽橋。中有臺，有濟亨亭，宋趙不駜書額；有泉南佛國亭，元至正間建；有鏡虹閣。舊爲萬安渡，宋皇祐五年，守蔡襄狀元及第。建石橋，長三百六十餘丈，廣丈五，翼以扶欄，爲南北中三亭，橋下種蠣，以固其基。明宣德間，守馮楨命郡人李俊育、僧正淳，增高三尺。又蔡錫守泉，重修之，檄文海神，遣卒投之，卒醉臥海上，寤視檄面題一"醋"字，錫曰：酉月廿一日也，此條或載爲蔡襄事。至期，潮果不至，橋成，民祠於蔡襄祠畔。是江上流接大溪，外即海也，每風潮起，數日不可渡，襄因故址修石梁，兩岸依山，中託巨石，橋岸造屋數百楹，多取蠣房散置石基，始皇祐五年四月，至嘉祐四年十二月竣，累址於淵，釃水爲四十七道，糜金錢千四百萬焉。附録：萬安天下第一橋，君謨此書，雄偉遒麗，結法自顏平原來，束法用虞永興。橋記作碑二段。忠惠記文書筆並精，好事者謂外國人摹倣其書，勒粗石上，碑石一粗一膩。夜換載歸，語屬齊東。公美政最昭昭者，萬安橋與勒岸左書記一百五十二字。明蔣德璟記略：崇禎戊寅建鏡虹閣，晉江湯侯、惠安李侯諗德璟曰：是直指張公意也。公謂架江海雄勝爲九州冠，而腰有小嶼，嶼有城，尤奇。城内舍稍庫，宜有高閣以稱之。鏡虹，公所署名，義取虹勢亘天，水光如鏡。閣坐乾向巽。劉子羣詩：跨海飛梁疊石成，曉風十里度瑤瓊。雄如建業虎城峙，勢若常山蛇陳橫。脚底波濤時洶湧，望中烟景晚分明。往來利涉歌遺愛，誰復題橋繼長卿。

　　鳳嶼盤光橋　即烏嶼橋。宋寶祐間僧道詢募建石橋，百六十間，長四百餘丈，廣一丈六尺，與洛陽橋海中相望，如二虹。

南　　安

　　金雞橋　在九日山下。宋嘉定間僧守净造石墩十七，架木梁，覆以亭屋，長百丈有奇，後圮。僧惠魁重修。明縣[令]趙時用構亭，兩岸建坊，曰："虹聯地軸。"曰："龍見天衢。"國朝燬於寇，旋修旋廢。明朱鑑記略：縣西有大溪，古名金雞渡，讖云：金雞通人行，狀元方始生。宋宣和間，江公造舟浮橋，建炎丁未告成，梁文靖公適生。年久舟廢，僧守净募緣創石墩，覆以樓閣，是時文靖魁天下，其言足徵也。永樂初災，成化乙未守徐公脩，既成請記。余曰先正謂平政君子十一月徒杠成，十二月輿梁成，公其知所以爲政歟。史繼偕詩：迤迤遠勢臥長虹，西引地形接郡雄。一日輿梁思惠政，萬年舟楫屬神功。絃歌滿邑隨風轉，桃色盈庭映面紅。自是仙郎深雨露，褰裳不假沐恩同。

化龍橋　在七都。宋淳熙間，里人黃懋建。右有弓潭，相傳有龍潛焉。

珠淵橋　在二十五都。舊名烏淹。溪流清瀅如珠光，宋陳宓區曰珠淵，今圮。

通濟橋　在九溪村。其溪九曲，行者必九涉而後濟。宋淳熙初，里人蔡楫如為橋，今圮。

金雞渡　在一都。宋傅伯成詩：長江渺天末，照此兩山青。落日寒潮上，蒼煙孤艇橫。

惠　安

通濟橋　即溪邊橋。宋淳祐間令趙時銑建。黃時亨記略：邑東南三里，地名雙溪，議欲橋之，丙午秋，祥光夜現於溪南，有異人指曰：造物隱其珍於石峽之陂，水涸石出。遂製橋七間，長二十餘丈。

安　溪

龍津橋　在縣南黃龍渡。宋慶元五年，令趙師戩建石址木梁，嘉泰二年，令龔晏成之，覆以亭屋。明縣賀詳重修，區曰通濟，人稱賀公橋，今圮。宋陳宓詩：兼旬積雨截晴虹，洗出溪山罨畫中。別浦漁歌來暝色，長橋人語半秋空。吏閑剩得三更月，民阜多達五日風。作計追陪今恐後，杯盤隨意底須豐。

鳳池橋　在縣西常沿渡，接鳳山。宋開禧間，令楊繩祖建，嘉定間，令陳宓易以石址，橋上架瓦四十六間，今圮。又名上椽橋，龍津曰下椽橋。

同　安

東橋　在朝天門外，留從效所建，故又名太師橋。長五十二步，通水八門。宋乾興、治平間重修。朱子《東橋玩月》詩：傑閣翔林杪，披襟此日閒。層雲生薄晚，涼雨過空山。地迥衣裳冷，天高澄霽還。出門迷所適，月色滿林關。

西安橋　在厚德門外。宋元祐間，邑人許宜、僧宗定建。邑有雙溪會流於巽，自西來者勢尤浩蕩，東橋成踰百年，西橋石工睥睨不敢致力，一旦成功，勢雄地固，洛陽之亞也。長百餘丈，通水十八門，護以石欄，上構亭以憩行人。

芌溪橋　在縣西。源出白桐嶺谷中，經蛇蟒所蟠蟄，故其水多黑，涉者患瘴癘。宋大觀中，邑人徐誠始甃石爲橋。元鄭子實詩：日照松梢宿雨乾，秋風剪剪作輕寒。青林缺處雲山好，更過橋西仔細看。

沙溪異石橋　在安仁里。溪多積沙，輿木爲梁，植柱久壞，宋建炎間修，穿土得異石，斲而築之，故名。

郡中新舊址

郡廟學

廟正中爲大成殿，殿前露臺，翼以扶欄，下爲甬道、拜庭。庭外泮池，亘以石橋，周以石欄。前爲大成門，金聲、玉振門，門外爲露庭，左右爲二栅門，外書禮門、義路，內書賢關、聖域。直前爲櫺星門，門外露庭，庭樹木棉、榕樹數株，外臨濠溝。由大成殿東爲崇聖祠，又東爲明倫堂，堂前兩廊、露庭，庭外方池，中爲石橋，外爲育英門。堂之東爲鄉賢名宦祠，又東爲尊經閣，爲射圃，觀德堂。今壞。又東爲百源川、放生兩池。閣之後爲道南祠。由育英門而左爲詹咫亭祠、陳紫峰祠，又左爲蘇紫溪祠、蔡忠毅祠、周忠愍祠，前西向爲郭恭定祠。由育英門而右爲顧新山祠、李文節祠，以達於聖域門，繞門而南爲夫子泉井。泉舊在禮殿邊，隆興初，清泉迸出，甘香特異，教授黃啓宗視役夫薙蕪得之，乃率諸生拜祝，環甃其旁，名夫子泉。王十朋詩：君不見，《水經》品第天下水，康王谷中泉第一。但知取水不取人，品第未容無得失。又不見，武昌山中清泠淵，名因人重逢蘇仙。至今人呼作菩薩，淪入異教非吾泉。刺桐城中泮宮裡，大成殿下新泉水。不須更以品第論，混混源流自夫子。諸生游泳芹藻間，日飲一瓢心慕顏。聰明不數遠公社，清白大勝臥龍山。聖毓尼丘家闕里，泉脈胡爲今在是。周流天下皆美泉,浚井得之泉更美。我來酌泉仍叩頭,遐想洙泗三千遊。世間何處有此水,此州無愧名泉州。後堙,明嘉靖二十年,教授唐堯賓重濬,於此立碑其上,表學前橋曰洙泗。又南爲海濱鄒魯亭,亭左爲王慕蓼祠、施襄壯祠,前達於河,通以石梁,爲洙泗橋,橋南左爲粘鬱菴祠,南爲府學,門外有照牆,石刻"青雲路"三字。由大成門而西爲洪文襄祠、莊羹若祠,又南北向爲何鏡山祠,西向爲蔡文莊祠,祠臨河跨石橋,達於南街,爲泮宮門,所謂贖庚門舊地,以挹紫帽之峰也。唐時在衙城右爲魯司寇廟,張九齡書額,廟庭有皁莢,每應州人舉進士之數,宋太平興國初,守喬維岳始遷崇陽門外之東南,即今地。祥符二年,守高惠連遷於育材坊。大觀三年,郡人龍圖柯述白於郡守,復於故址。紹興七年,守劉子羽重建左學右廟,《閩書》作左廟右學。增舊基高二尺餘,鑿河浚池,以通巽流,伐石爲橋,以納潮汐。紹興中,即學東偏附以晉江縣學。淳熙四年別立縣學。乾道間,教授林岊立瑞蓮堂於講堂右。紹興十九年,堂下池產雙頭蓮,係梁克家肄業處,守辛次膺以詩紀瑞,是年文靖首選,明年廷試第一,至是岊爲立斯堂,張叔椿爲記。嘉泰元年,守倪思作欞星門。元至治元年,總管廉忻始甃臺,塑兩廡從祀像,築杏壇於欞星門南。舊皆塑像,明嘉靖時撤像用神牌,今殿後有高甓藏像。至正九年盧僧孺作石橋於方池。明初,鍾道元、陳誠等重建杏壇於廟南。正統十一年,僉事陳祐闢射圃於學東地,濱百源川池,中有堂,曰觀德,翼以兩廊,疏河道,通潮汐於方池。嘉靖三年,守高越改至善堂爲教授廨,即號房建訓導廨,購廟前地爲總門,南臨於濠,廣其半爲泮池,浚湮塞以通潮汐,易濠南民居闢路通通淮大衢;六年,守顧可久作二橋跨河,設廟門於河外,另闢學門於廟門左;三十五年,守熊汝達、尹盧仲佃建尊經閣於明倫堂東;四十五年,守萬慶、令譚啓建育英門。隆慶元年,萬慶修射圃,區坊曰觀德堂,曰揖遜高風,縣羅名士,修志道、依仁二齋。萬曆十年,改敬一箴亭爲教授廨。三十七年,地震,殿堂兩廡壞,守姜志禮修,四十年,改泮池爲圜,如古泮宮之制。國朝乾隆二十六年,知府懷蔭布、署知府嘉謨倡諸紳士,大修禮殿大成門內外及兩廡,前柱皆易以石,作金聲、玉振二門石匾,移建崇聖祠於禮殿東北,重建尊經閣於道南祠前舊址。

縣廟學

晉江[縣]學　在行春門外。宋守劉子羽以附於郡學之東，前有槐亭。慶元四年，亭下池產雙蓮，教授解邦俊易名曰魁瑞。時曾從龍為縣教諭，明年擢進士第一，故名。明洪武初，學移今所，左廟右學。陳中記略：惟泉之舊治，在子城中，縣之舊學，在宋之東倉隙地。今學宮在行春門之外，舊址唐為紫極宮，五季遷宮於他所，則為天寧寺，宋咸淳中，郡守趙以朱子簿同安時，過化於泉，遂改寺為泉山書院以祠之。迨洪武紀元，改泉之舊治為衛，改縣之舊學為郡，遂改書院為今學。國朝乾隆十四年，守高霔、尹黃昌遇修崇聖祠，建學門，作文昌閣其上，以修巽水。潘思榘記略：晉江之學舊在行春門內，以改作郡署，遂移於門外。郡侯高君、晉令黃君，會議圖新，乾隆己巳十月召匠，今年七月告成。庭墄甃以白珉。又作奎星樓，東偏，文昌閣，巽位。

南安縣學　在縣城東黃龍左。宋靖康間建於縣治西，紹興中，劉孔修移今所。明隆慶元年，同知丁一中建亭於石橋南，匾曰見龍。傅夏器記略：南安邑庠上迎大朋山、大葵山之水，下通黃龍江之湖，環庠為泮，一望汪洋。先是，邑侯唐公改庠前馳道築石橋於田中，望之蜿蜒若龍，丁公署邑事，覽而歎曰：茲非龍歟，在田見龍象也，而首伏，其蟄未伸。因築堂以象其首，命曰見龍亭。

惠安縣學　在縣左。宋時始建，在邑治西，元時尹趙仲臣移今所。明嘉靖三年，令萬變以廟殿斜當文筆峰，而學門與廟門異出，若相背然，悉為改正。

安溪縣學　在縣治東南。宋咸平四年，署令宋文炳、主簿弭忠信始建於縣治西南，紹興十二年令楊幹移今所。

同安縣學　在縣治東南隅，舊在登龍坊。五季末，令陳洪濟建。紹興十年，邑士陳彥先等遷今所，左學右廟。二十三年，主簿朱子建經史閣於大成殿後，教思堂於明倫堂左，又建志道、據德、依仁、遊藝四齋，旋併為正心、誠意二齋，設講座，集官書貯之，闢射圃於城隅隙地。朱子記略：紹興二十五年，縣有儆，曹侯與予備西北。侯曰：射者嬰城之具，而其為技，習之於無事之時，然後緩急可用也。於是相與相城之隅，得隙地，斥以爲射圃，屬其徒日射其間。其後盜雖以潰去，圃因不廢，間往射如初。又示同志詩：吏局了無事，黌舍終日閒。庭樹秋風至，涼氣滿窗間。高閣富文史，諸生時往還。縱談忽忘倦，時觀非云慳。

書　　院

温陵書院　靖道謨記略：泉州，古温陵郡。宋朱文公主同安簿時，講學於兹，舊有泉山書院，在行春門外，塑公像而祀焉，後改爲學宮，祀公於明倫堂。洪武戊辰，御史鍾公道元，改祀於禮殿東。正德乙亥，守葛恒移建於蔡巷，易書院之名爲文公祠，即今地也。旁置學舍，爲肄業所。國初，太守王公者，都加修葺焉，然因仍舊制。今太守全椒王公，撤而更之，別建祠祀韋齋先生，旁構敬業堂並學舍十三間，俾諸生講業，復顔書院之名，而冠以温陵云。

小山叢竹書院　在府城隍廟邊。其匾爲朱子書，鎸於石。明朱鑑詩：岩嶤碧崿杳溟濛，綠映蒼苔匝地封。明月影中金鎖碎，亂雲堆裡玉玲瓏。一峰小小芙蓉淡，萬葉葱葱翡翠濃。自是上方仙景好，禪源不與世間通。國朝康熙四十年，通判徐之霖建。之霖記略：郡治東北有高阜，地氣獨温，温陵之名始此。宋朱夫子種竹建亭，講學其中，自題曰小山叢竹，固勝蹟也。歷久傾圮。明通判陳堯典重構斯亭，更名過化，且鎸夫子遺像，後爲兵燹所毀，基址侵作民居，石額没於卒伍，像則碎而三。甲戌予判是郡，吴子方臯爲予言，竊不自揣，鋭矢興復。乙亥秋，庀材而經始焉，復窮詰石額所往，藏者知不能隱，乃還歸故物。亭既成，移夫子像，召匠補綴，祀於亭中，己卯秋，泉士之登鄉薦者數倍往昔。又一載，余思另建講堂，乃於亭左曠地開闢營造，閱歲而成，以"誠正"名堂，亭之後建書屋六間，額曰瞻紫，仍竪坊表於通衢云。

石井書院　在安平鎮，名鰲頭精舍。宋紹興初，吏部郎朱松嘗爲鎮官，與士人講學，其子熹官同安，至鎮訪父，與父客論說經義。嘉定四年，鎮官游絳白郡守鄒應龍，建書院於鎮西，如州縣學之制，命朱在文公子。董其事，建大成殿、尊德堂及四齋，繪二先生像而祀焉。後圮。明成化間，守徐源、推官柯漢重建，塑文公像祀之堂。東北爲小山叢竹亭，西北爲杏壇。弘治十二年，同知羅憻重修，門外立石華表,匾曰石井書院。國朝乾隆七年,守王廷諍倡建韋齋祠。

梅石書院　在郡東北。明嘉靖八年御史聶豹、副使郭持平、守顧可久、通判李文、推官徐炤,改淨真觀建一峰書院,祠羅文毅公倫。明狀元。張岳記略:故翰林修撰一峰羅先生初入仕即上疏論大學士李公不當起復,落職提舉泉南市舶司,未幾召回。嘉靖己丑,郭公巡歷至泉,以先生嘗謫居是地,而尸祝之典未舉,時郡侯入覲去,乃謀之李侯、徐侯,得城北叢祠一區,請於聶公,斥去淫祀,因舊材稍易蠹壞,奉先生神主焉。崇禎間,復以二雲曾公櫻配祀,名曰清源書院。國朝乾隆十五年,縣黃昌遇重建,改今名。潘思榘記略:城北一峰書院,為羅公建也。公講明正學,以授生徒,未幾召還南京。嘉靖中聶雙江建祠以祀。今黃君以書院形勢為郡城最,且階前一石如梅花形,前代有"梅花開,狀元來"之讖,開之者羅公,而應之者羹若莊公,明莊際昌,永春籍,萬曆己未會試廷試皆第一。今復開之,當必有接武而興者,遂整其堂宇,聘名士以誨諸生焉。

豐州書院　在南安縣治東。國朝乾隆二十年,縣鄒召南建。

考亭書院　在安溪城隍廟東。國朝康熙五十二年,縣曾之傳就文昌祠拓為書院,移文公祠祀焉。前為敬業堂,以課諸生,立仙苑石碣。碣高四尺許,鐫字大於斗,缺姓名,或以為文公筆,舊沉於薛坡渡,漁人得之,今移此。李光地記略:昔朱子舉進士,筮仕同安,西北壤接安溪,故朱子嘗往來安溪,喜其山川幽奇,以為絕似建陽佳處。乙未冬,拜邑曾侯,因請曰:吾邑為朱子奉檄往來品題名勝之區,法得立祀。侯曰:吾志也。舊祠在庠東,傾圮。侯乃買地於文昌祠後,架後堂以栖,而以中楹祀朱子,祔食則復齋、北溪兩先生。祠成,邑人士請余記之。

丁溪書院　在安溪縣學前溪上。明令李晟建,今廢。黃克晦詩:十載清溪兩度經,時將文字辨溪形。渡河未免訛三豕,流水何緣識一丁。岸草萋萋隨處綠,館松落落幾行青。同人莫怪歸時晚,斷續歌聲尚可聽。

文公書院　在同安大輪山梵天寺後,舊在學宮之東。元至正元年,同安尹孔公俊建,請額於朝,賜名大同。前先聖殿,後朱子祠。後燬。明嘉靖間,邑人林希元請於督學邵,遷今所,縣劉裳建瞻亭,推官葉建畏壘庵,未竣而罷。邑人洪朝選又請督學朱衡、縣彭士卓成之。隆慶初,縣王京建仰止亭,增築書舍。同安書院見於隆慶志者曰大同、曰浯江及文公書院。今考文公書院因大同廢而建,浯江在浯洲鹽場司之西,元司令馬公建。

玉屏書院　在廈門城内。國朝乾隆十六年,分巡道白建。

舫山書院　在馬家巷。國朝乾隆十一年,同安令張荃建。何蘭記略:張公荃以同爲朱子過化地,倡灌口紳士建鳳山書院,有山如鳳展翅,故名。以祀朱子。又以馬家巷之通利廟,朱子預卜此地之富庶,即於廟後建傑閣三間,中祀朱子,後祀文昌,顔曰舫山,以地形似舫,猶同城有銀錠稱銀同也。

舊　　署

宋貢院　在肅清門内。宋自乾道以前試士於泮宮,五年,守王十朋始爲貢院,令推官陳孔光成屋百二十六區。王十朋《四月八日貢院上梁》詩:廣廈初成萬柱標,修梁崾跨玉虹腰。況逢此日生千佛,定引群仙上九霄。下筆鑾聲紛戰勢,出林鸚友競遷喬。清源人物從今盛,孝子忠臣滿聖朝。諸公和詩:修梁欲舉彩先標,聲撼春雷鼓百腰。谿蟄蛟龍欣得雨,桐栖鸞鳳合衝霄。清源水接南溟闊,紫帽山齊泰岳喬。學不負人宜自勉,前賢勳業著三朝。又:梁脊連年姓誤標,兩州騷客瘦吟腰。月河月滿燕賀廈,佛國佛生虹掛霄。多士顔歡歌杜老,一輪香滿賦張喬。此途不止爲科第,名節崔嵬看立朝。又,《貢院垂成雙蓮呈瑞因勉士子》詩:大厦垂垂就,嘉蓮得得開。雙雙載千佛,兩兩應三臺。歡意重重合,香風比比來。人人宜自勉,舉舉有庭魁。又,《貢院圖》詩:鞭朴不施成不日,首夏上梁秋半畢。一點靈臺輪奐飛,十幅生絹畫圖出。又,《元宵貢院張燈,知宗賦詩》有"銀花初合萬枝火,金榜已含千佛光"之句。嘉定間,守真德秀、太常宋鈞皆嘗增建。德秀《貢院舉梁》詩:萬間貢宇舊嵬嵬,更闢新楹廣舊規。豈爲儒生決科計,要培宗社太平基。又:雲斤初運日逢甲,虹影乍橫星值奎。天相斯文兆先見,不須佳讖指金雞。又:棘闈曾闢大江東,喚起秦淮兩蟄龍。況是此邦饒俊彥,何愁盛事不重重。又:明年丹詔下楓宸,定有英才起海濱。勉取梁公舊衣鉢,從今人説兩庚辰。又:梁脊伊誰姓氏題,梅溪去後有苔溪。自慚拙守何爲者,強策駑駘繼騏駬。又:憶昔文闈創造初,揮毫紀實有鴻樞。乃今盛觀重輝赫,試問他邦有此無。又:簪橐輝聯三大老,節旄相映四賢侯。作成後進須先進,引領時流作勝流。又:策足魏科亦漫然,當知致遠識爲先。叮嚀莫負梅溪祝,名節豈羞共勉游。又《貢院慶成詩》有"誰歟經始梅溪翁,萬桂森森皆手植"之句。中有萬桂堂、狀元井。明初改爲晉安驛。王十朋《至貢院觀桂》詩有"青青萬本新移桂,盡是梅仙手爲栽"之句。

舊　蹟

州治　在正北。今爲提督署。宋時有忠獻堂,以韓魏公生此得名,後易以清暑。王十朋復舊名。十朋詩:九夏炎方鬱氣蒸,沉沉廣廈有涼生。仁風未慰黎民意,何忍堂中暑獨清。又《復舊額》詩:相出相州生此州,巍巍勳業出伊周。後人莫要輕更改,別有堂名勝此不。有中和堂,初名愛松,宋時建。蔡襄詩:偏愛東堂砌下松,三年瀟灑伴衰翁。寒聲淡蕩潮初上,疏影孤圓月正中。清徹紗帷延晝夢,綠涵金盞帶春風。自緣多病饒歸思,便覺山林野意通。王十朋《愛松堂》詩:炎炎畏日愛濃陰,穆穆清風愛好音。不獨愛松兼愛竹,此君亦有歲寒心。有安靜堂,蔡襄作,嘗於此書《荔支譜》,孫楠繼守,重書額。王十朋《復安靜堂舊額》詩:端明之孫字子強,銀鉤鐵畫傳遺芳。昔年作郡古平海,大筆親書安靜堂。自從宣和至乾道,字與輪奐爭光芒。一朝忽遭俗眼白,毀滅名姓深埋藏。我來搜訪久乃獲,老兵據爲寢處牀。滌除五載塵土面,字向堂上爭激昂。祖爲第一孫是似,書有家法稱莆陽。體具萬安頗雄壯,榜與忠獻同翱翔。因知文字乃至寶,一時之厄庸何傷。石鼓文有鬼神護,淮西碑並日月光。豈容泯滅暴秦火,誰肯膾炙段文昌。書生作郡太迂闊,理財聽訟俱非長。吾君若問何以治,堂復韓蔡祠秦姜。今纔五日京兆爾,眷此陳迹猶未忘。但願茲堂日安靜,名與國壽俱無疆。又北樓上有二山亭,<small>對清源、雙陽二山,</small>故名。宋元祐年間郡守陳康民建。王十朋詩:連年行役厭間關,踏徧千山見二山。欲識泉南山面目,群山總在一亭間。又有雲榭,爲陳洪進故築。王十朋詩:山生平地榭生雲,土木多應役鬼神。好向危欄高着眼,閭閻無限困窮人。又《五月晦日會知宗提舶通判納涼雲榭,提舶用仙字韻,即席賦詩,中寓四字,次韻以酬》:雲榭銜杯半八仙,却疑來自蜀山川。地如洙泗占高第,人似羲和分昊天。單騎雙翶成駟馬,杯羹淡泊從三鮮。國風雅頌寂寥久,太史採詩宜與編。又《提舶攜具過雲榭,知宗出示和章,復用韻》詩:不須蠟屐上林端,高處登臨眼自寬。穲稏風翻梅裏白,荔支日照鶴頭丹。山川滿目如京洛,臺榭侵雲類廣寒。賓主往來俱不遠,如棠不比魯侯觀。推官廳,有納涼軒,下瞰蓮塘。王十朋詩有"境净涼偏足,心清暑自蠲。快哉誰與共,廣廈集群仙"之句。

南安縣治　左有明遠樓,後有雪堂,一名致爽,亦名梅堂。宋李訦詩:將梅作雪已非真,用雪名梅轉未親。幸有西山橫爽氣,品題留與簡中人。

惠安縣署　左有鳴臯堂。宋縣令李集嘗以一鶴自隨,登斯堂,與人士商榷,鶴侍其旁,時或長鳴,聲徹雲裏。有君子堂,明知縣葉春及作。春及記略:令有君國子民之道。然孔子君子必子,必本於魯。惠安君子之區也,至於斯者,皆得見之。於是作君子之堂在儀門之東,而今而後鳴擧而治矣。

安溪縣治　周顯德二年南唐建。詹敦仁《建縣廨》詩:喜聞禾稼恰登場,何事官工土木忙。辛苦一年方幸息,役勞三日得無妨。未師陶令好栽菊,且學召公方種棠。皤腹于思寧免誚,不須執朴課程章。

同安主簿廨　在治右。紹興間,朱子爲主簿,廳事西北一軒,表而署曰高士軒。朱子記略:同安主簿廨,獨西北隅一軒,亢爽可喜。然視其所以名,則若有不屑居之意。予以爲君子當無入而不自得,因更以爲高士軒。又詩:官署夜方寂,幽林生月初。閒居秋意遠,花香寒露濡。故園異時節,欲歸懷簡書。聊從西軒卧,塵思一蕭疏。又《試院即事》詩:端居惜春晚,庭樹綠已深。重門掩晝静,高館正陰沉。披衣步前除,悟物懷貞心。澹泊方自適,好鳥鳴高林。

祠　　宇

五賢祠　祀宋郡守韓公國華、子魏國公琦、贈僕射王公易、子沂國公曾、朱文公熹。祠旁即小山叢竹。

六賢守祠　在育英門西。祀宋蔡襄、王十朋、真德秀、明胡器、尹弘、歐陽復。

道南祠　祀宋龍圖學士楊公時。時將樂人，初從程顥遊，既歸，顥目送之，曰：吾道南矣。

朱子祠　在府治東，一在小山叢竹，一在寶覺山海印室之側，一在安海城，一在石佛寺右，一在福全城。

歐陽祠　在府治北。中爲不二堂，祀唐四門助教詹，明成化間重建。李光縉疏略：資壽寺有小山亭，右有不二堂，祀行周先生塑像，郡志不詳其構於何年。相傳朱子爲主簿，每抵郡城，必登小山，稱其山川之美，爲郡治龍首之脈，徘徊數日而後去，自書曰小山叢竹。而不二堂者，朱子曾修云。詹字行周，晉江人，時以文詞崛興。常袞爲閩觀察使，大奇之。唐貞元八年，陸贄知貢舉，詹登第第二，與韓愈等二十二人皆天下之選，人號龍虎榜。

韓中令忠獻祠　宋淳熙間建，今廢，合祀於五賢祠。王十朋詩：天開我宋太平基，紫府真人下應期。河朔魁梧出真相，泉南蒼鬱產奇兒。夢符蚌腹生珠夜，事應台躔捧日時。紫帽清源發光采，郡園深處立新祠。

宋蔡襄，字君謨，仙遊人。至和嘉祐間兩知泉州，祠在萬安橋南。王十朋詩：公昔自禁從，再來臨此邦。河梁一何壯，筆力獨能扛。政績留南紀，祠堂枕大江。山川與人物，今古兩無雙。

王十朋，字龜齡，樂清人。由太學試策，高宗廷擢第一。宋乾道四年守泉，下車會七邑令飲，作一絕：九重天子愛民深，令尹宜懷惻隱心。今日黃堂一杯酒，使君端爲庶民斟。乃割俸創貢闈，士之賢者詣門以禮致之。修姜相之墓，立秦系之祠，復韓蔡之堂。去日，老穉攀留，越境以送，爲建梅溪祠。附錄：《南宮揭榜，溫陵稱盛作》詩：龍虎鄉邦地最靈，鵾鵬相繼上南溟。已聞元愷賓虞國，行見淵騫冠孔庭。帝遣伏波持使節，天教平海宋乾德四年，改清源軍爲平海軍。會文星。鈴齋忽報捷音至，一炷清香千佛經。

真德秀，字景元，號西山，浦城人。著《大學衍義》，從祀廟庭。宋慶元五年進士。

嘉定十年，守泉。紹定中再任，迎者塞路，深村百歲老人亦扶杖以出。有《心政經》《勸喻文》。祀名宦祠。嘉靖間復立祠郡東。

姜秦祠　在南安。宋守趙令衿建。祀唐姜公輔、秦系，今廢。令衿記略：貞元末，丞相姜公以直諫忤旨，貶泉州別駕。先時秦系居九日山，姜從之遊。姜没，秦爲塟山下。秦以詩名。權德興嘗曰：劉長卿自以爲五言長城，秦用偏師攻之。姜之墳號姜相峰，秦之故居榜曰秦君亭。陳知柔詩：人境初無車馬喧，卜居原得近姜村。山圍古寺苔生砌，花落前汀潮打門。可許揭身如日月，不妨爲客任乾坤。清詩海内流傳去，亭下空餘石硯存。

四賢祠　祀唐姜公輔、秦系、韓偓、席相。疑祀歐陽詹，非席相。後改爲程信吾祠。歐陽至詩：唐像衣冠古，空山筆硯靈。老僧新棟宇，隱士舊池亭。茶竈雲根白，書燈鬼火青。殘碑蘚化碧，小篆雁書汀。明李廷機詩：往哲遺香火，聚英托地靈。懷人爭有待，弔古已無亭。舊事悲回禄，芳名照汗青。臨風重搔首，落日映沙汀。

蔡文莊祠　在府治學宫西。明守朱炳如建。隆慶四年勅建。祀明先儒清。國朝世宗憲皇帝特旨從祀夫子廟庭。雍正二年。清字介夫，號虛齋，諡文莊，晉江人。成化丁酉解元，時清源山鳴如玉磬者三日。

蔡善繼，字五嶽，烏程人。明萬曆間守泉，飭黌舍，修廢墜，郡中濠塹溝渠皆疏通，又以溜石居下流，建塔其地，與凌霄、寶蓋鼎峙爲三，是秋乙卯，泉士俊者半榜。己未莊際昌會狀，郡人立祠於蔡襄之後，曰：前蔡後蔡。

附　　載

曾櫻，字仲含，號二雲，峽江人。明萬曆丙辰進士。崇禎四年，任兵巡興泉道參政。公餘講學清源洞，郡人爲構二雲書院於一峰書院之西。唐王時兼吏部尚書，唐王敗，浮家鷺島，大師至，自經樓上。

蘇妙，南海人。唐大曆中刺泉，有惠政。有白鵲巢門樓，妙出鵲每隨集車蓋。

周震，宋紹熙三年知惠安，有善政。春月勸農，至華林寺自詩：飛廉怒息海天明，十里籃輿出勸耕。隴麥低頭須雨意，林花迎面笑春情。熙寮聯響勤田事，父老傳杯識至情。及物無功慚竊廩，豐年有願是忠誠。

明督學周孟忠，嘉靖癸卯行部延平，過湖，夜宿清溪宮，奇湖中山水，曰：是必有俊彥。數問此閭佳子弟，盡與俱來。李鎧，安溪人。年十三，傳呼以入，試一題立成，即與附庠。既去，留題宮壁曰：迢遞漳平四日程，清溪夜卧到天明。年豐已喜民安堵，村靜不聞犬吠聲。自是山川留過客，却教風雨阻行旌。搜求俊彥充庠序，從此湖頭多顯名。鎧後族中科第接踵，人謂詩讖。

宋柯述，字仲常，南安人。嘗與弟述、迪贄文見蔡襄，襄奇之，未幾相繼登第。述嘉祐四年進士，終朝議大夫、直龍圖閣。嘗倅漳，賑飢，有異鵲二巢廳事堂，秩滿移居，鵲亦隨，暨歸，翔數十里噪，傍徨不忍去，蘇軾有詩記異。述徇邦人之志，還州庠於舊址，士德之，祠於學。附錄：蘇軾詩：昔我先君子，仁孝行於家。家有五畝園，么鳳集桐花。是時鳥與鵲，巢鷇可俯拏。憶我與諸兒，飼食觀群呀。里人驚異瑞，野夫笑而嗟。云此方乳哺，甚畏鳶與蛇。手足之所及，一物不敢加。主人若可信，衆鳥不我遐。故知中孚化，可及魚與豭。柯侯故循吏，惻恒真無華。臨漳所全活，數等江干沙。仁心格異族，雙鳥栖其苴。但恨不得言，相對空楂楂。善惡以類應，古語良非夸。君看彼酷吏，所至號鬼車。

寺　　廟

天后宮　在府治南門內。宋慶元二年建。泉海潮庵僧夢神命作宮,乃推里人倡建。明永樂十三年，奉旨修。國朝康熙十九年，平定臺灣，神湧潮濟師，勅封致祭。神居莆陽之湄洲嶼，林氏女也，生有祥光異香，穎悟能知休咎，常乘席渡海，又常乘雲遊於島嶼。宋雍熙四年九月二十九日昇化，是後常朱衣翩旋，飛行水上。

萬仙妃廟　在東湖上，妃故居湖上。一在蔡巷。梁克家字叔子,晉江人,書過目成誦,宋紹興二十年殿試第一。碑略：廣靈廟，在東湖之滸。神姓萬，生能療病，没能爲國捍患。唐乾符六年，黃巢寇閩，斬處士周樸，神禦曰：未説泉州境，且説東湖一萬家。賊衆駭遁。守臣王潮請封護國英烈萬氏仙妃云。

　　鐵爐廟　在鐵爐鋪。廟爲留從効鑄冶所。相傳神號應魁聖王，爲文章司命。宋曾從龍字天錫，晉江人，慶元己未殿試第一，初名一龍，寧宗爲改今名。嘗禱於此，夢有書幅紙云：兩燭並輝於今秋，一薦獨横於天下。既寤，筆之牖間。越夕，謝次山亦禱焉，神告曰：吾已語曾子明矣，請視其牖。明年曾果擢進士第一。

　　開元寺　一名紫雲寺。在府治肅清門外，舊爲黃守恭宅。唐垂拱二年，一作嗣聖三年。守恭夢僧欲化其宅爲寺，辭曰：待桑樹生蓮花乃可。不數日，桑樹生蓮花，乃捨爲寺，建大悲閣及正殿，賜額蓮花寺。初名白蓮瑞應道場。開元二十六年，勅天下寺皆名開元，因改焉。歷五代至宋，更創支院百區。一作二百一十七。元劉鑒義奏將支院合爲一大寺。國朝爲祝釐福地。中爲大雄殿，下爲拜庭，庭外拜聖亭、山門，門外紫雲屏，殿後戒壇，壇後禪堂，堂左檀樾祠。有東西二塔，東塔號鎮國，唐咸通六年僧文偁以木爲之，高九成，宋天禧中，增十三成，紹興中，易木爲磚，高七成，嘉禧間，僧本供易磚爲石，僅一成，僧法權造四成，僧天錫造第五成，淳祐十年乃竣。頂有鐵香爐、銅寶蓋，鍍金銅葫蘆塔八角，以鐵索鈎之，外爲八窗，各有龕，安石像一，兩壁翼以神像，外繞以簷廊，護以石欄，圍一十七丈二尺，高一十九丈三尺五寸。西塔號仁壽，五代梁貞明二年建。初閩王審知於都督府造木塔，塔成而沉，地湧出泉，審知夢應在泉州，遂以木浮海至泉建塔，號無量壽。宋政和中，改號仁壽，紹興中火，更造甎塔，寶慶中，易以石。先東塔十年而成，圍一十六丈七尺，高一十七丈八尺。政和甲午十月十日，有青黃光起塔中，高侵雲，須臾五色，質明乃滅，因賜名仁壽。黃鳳翔《塔燈》詩：飛刹風鈴寂，青燈月色連。摩尼珠吐餤，舍利火騰煙。影外千星落，空中萬象懸。繞輪紛唄頌，面壁是真禪。

　　承天寺　又名月臺寺。在崇陽門東南，五代留從効南園地。周顯德中南唐建，宋景德四年賜名承天。有七佛石塔，宋僧祖珍建，間植榕樹，砌石欄之，至今蒼蠅止塔者首悉下向，榕根不出石欄，栖禽無矢污。宋丘葵詩：偶趁秋風一到城,市廛湫隘招提清。回頭正好看潮滿,舉眼那知得月明。堂外幡幢垂夜影,欄邊榕樹動秋聲。因過方丈觀心印,曾見泥牛入海行。

崇福寺　在府治東北隅。宋初陳洪進有女爲尼,以松灣地建寺,地有晉松四株,故名。名千佛庵。至道中,名洪鐘。元祐六年,名崇福。寺有巨鐘,明時寺廢,爲南安僧所得,國朝康熙間復歸寺。又有荔樹頗茂,相傳宋時物。

水陸寺　在肅清門外西南。唐天寶六年,勅置祝聖放生池,因建水陸堂其上,後廢爲廨,又改南外宗正司。元以故址之半爲清源驛,餘仍建禪院。明初,名水陸寺,成化間,蔡文莊講學於此,後汪御史廢爲宅。

鎮國東禪寺　在東湖畔。唐乾符中,郭皎、卓懌建,廣明元年賜今名。明丁啓濬詩:東風相送出山門,極目郊原見遠村。麥隴晴雲過繡翼,湖壩春水長新痕。

元妙觀　在府治南。晉太康中爲白雲廟,唐神龍元年建觀,元元貞元年,名元妙。明初紀道士寓焉,後白日飛昇,董伯華其徒也。黃克晦詩:仙宮拂曙響雲璈,白髮蕭颼首重搔。却老自應依道侶,持杯無奈憶兒曹。玄元殿上春偏早,太乙祠前日已高。拚是乾坤長浪跡,依然紫氣向人豪。

紫極宮　地入元妙觀。有古檜一株,圍一丈六尺,高七尺餘,旁有石刻"晉朝檜"三字。

威鎮廟　在南安郭山中。閩文通中建。神姓郭名忠福,世居是山之下,生而神異,年十六歲時忽取甕酒牽牛登山,明日坐絕頂古籐上,垂足而逝,酒盡於器,牛存其骨。已乃見夢,鄉人爲立廟。後累加威鎮忠應孚惠廣澤侯。宋時賊將入境,神引之他往,里得無患。

延福寺　在南安九日山下。唐大曆三年,一作咸通中。移建今所,歐陽詹書額。進士傅笴讀書於此。支院故有五十餘區,元豐間合爲一大禪寺。唐周樸詩:建造大中五年名建造寺。上方藤影裡,高僧往往似天台。不知名樹簷前長,曾問道人巖下來。張爲詩:疊嶂橫空向郡西,迥然高峭衆山低。樹梢缺處見城郭,日影落時聞鼓鼙。風觸薜蘿鴻鵠語,谷生烟霧鷓鴣啼。遊人步步出林去,碎月玲瓏滿石梯。

今果院　在南安六七都。舊爲唐李續家園，一時枇杷樹生白蓮花，因捨爲刹。今廢。

東嶽行宮　在安溪鳳山阿。與晉江別。宋汪瑀《東嶽勸農》詩：四陽初動鳥催耕，稅駕東皐戴曉星。饁餉私田泥滑滑，筵開官閣雨冥冥。鶯啼隔葉懷音好，柳拂高堤照眼青。日暮何當髦士集，春風桃李醉翁情。

清水寺　即清水巖，在崇善里。宋普足禪師所居。宋曾從龍詩：壁立崢嶸萬仞峰，騎鯨俄蛻葛陂笻。空留詩句傳今古，人在蓬萊第幾重？巖上勝遊成幻夢，壁間遺跡暗塵容。山僧好把紗籠護，莫學闍黎飯後鐘。

等法院　在吳旗山下。舊名栖桐，亦唐宋以前古刹，今圮。宋江白詩：滿路烟花晝不成，栖桐佳致古流名。院隣翠嶂千尋碧，門抗寒溪一帶清。晝影亂雲遮暑氣，晚涼疏雨送秋聲。我來到此慵回首，倚檻吟看海月生。

豪山廟　在馬鞍山麓。宋朱子、真西山禱雨皆應，又嘗顯靈禦寇。頂有龍潭，詳豪山條。

慈濟宮　在同安白礁。神故居於此。宋乾道二年，賜額慈濟。明永樂間勑封保生大帝。莊夏碑略：侯姓吳，諱夲，生太平興國四年。不茹葷，不受室，業醫以活人。景祐間卒。聞者爭肖像事之，歲辛未創祠，民歡趨之。適部使者以廟額請，有慈濟之命，後又有忠顯侯之命。會草竊跳梁，忽有忠顯侯旗幟之異，遂洶懼不敢入，續聞於朝，有英惠侯之命。先是邑人欲增故居之祠，而窘於財，一夕有靈泉湧階下，甘冽異常，飲者宿患冰釋，自是求者益衆，百役賴以具舉焉。

梵天寺　在同安大輪山阿。隋唐間建，有庵七十二所，宋熙寧間合爲一，改今名，朱子爲題字於法堂門。朱子寺中登閣詩：橫空敞新閣，高處絕炎氛。野迥長飆入，天秋涼氣分。憑欄生逸想，投迹遠人群。終憶茅簷下，空山多白雲。

真寂禪寺　在同安夕陽山下。唐宣宗與黃檗禪師觀瀑吟詩於此。舊名義安，宣宗登極，賜今名。初宣宗將至時，伽藍先現夢寺僧：明日有皇帝浴此。僧下山，見宣宗浴山下池，稽首稱萬歲。宣宗詰之，云伽藍顯夢。宣宗指伽藍頤曰饒舌洩語，伽藍爲之西轉。今像仍西轉。

温陵事考卷三

雜　志

晉　江

洛陽亭　在三十八都江滸。爲郡士大夫餞别處。唐歐陽詹亭中留别詩：天長地闊多歧路，身即飛蓬共水萍。匹馬將驅豈容易，弟兄親故滿離亭。

畫馬石　在羅裳山玉髻峰下。唐羅隱乞食山下，山下人侮之，乃畫馬於石，每夜出食人禾，追之則馬復入石，其人乃改禮焉。隱爲畫椿繫馬，乃不復出。

畫船浦　在許家巷南，浦皆沙地，有痕如船，檣帆畢具，雖掘地掃除，明日沙平，其跡復見，南風則帆檣北向，北風則帆檣南向。

四卿堂　在府城西。宋天聖中，藍承、趙誠、宋宜、陳偀同讀書於此，後皆登科，同時爲列卿，邦人榮之，建堂其上。

真濟亭　在府治西南。宋真德秀建，自書區。

並玉堂　宋進士李起，家居奉親，有堂曰並玉，以前對朋山，故名。王十朋與同年，賦詩云：仙李門闌秀氣鍾，二山朋盍玉爲容。晉人瀟灑坐連壁，杜老風流吟兩峰。崑府烟霞浮几席，藍田丘壑蘊心胸。俯容列岫霞相倚，遥許他山石可攻。光徹郡城翔白鷴，影摇江水照黄龍。價高難把連城易，官冷聊將一穀供。　疑是璣衡臨處落，端如日月合時逢。主賓對榻成三友，伯仲摩雲拱九重。雁蕩浪夸鶯有侣，庾樓徒詫劍相從。綵衣戲罷看山色，不似慈顔喜氣濃。

明先儒蔡文莊宅　在曾井鋪，今爲祠。又有蒙引樓，在清平鋪，文莊著書處。

明僉事陳琛宅　在涵江。琛《遣興》詩：平旦窗前一炷香，心閒無事自清凉。虎皮坐穩對《周易》,庭草青青引意長。

萬石坊　郡人石選與四子俱出仕,人號萬石君,故名。

高桂坊　宋王十朋立有詩：書生未折桂,短檠事然膏。一朝桂入手,不記燈窗勞。回視紙上語,棄置等弁髦。曲學如公孫,高第何足褒。溫陵號多士,呦呦食蘋蒿。臚唱十年間,魁亞出二豪。向來此坊中,一門五夢刀。月中仙子歸,天香滿藍袍。大對壓黿董,同登盡劉曹。嘉名換區榜,鐵畫新揮毫。我欲成其美,遠大期伊皋。桂高固可喜,更看名節高。

南　　安

應魁亭　在縣治前。唐歐陽詹登進士,邑人取以名亭。又有歐陽亭,在縣北,詹遊憩所也。

惠　　安

象浦　在十九都。宋端宗於此洗象。

明山人黃克晦即吾野宅　在崇武鄉,內有觀魚亭。

安　　溪

仰朱堂　在縣南臨溪,宋咸淳中建,祀朱子。

同　　安

畏壘庵　紹興間朱子涖同,秩滿假陳氏館,人以畏壘名其庵。朱子記略：或謂余所以處此者,庶乎庚桑子之居畏壘也。余惟庚桑子,蓋莊周所謂有道者,而太史公又謂周所稱畏壘虛、亢桑子之屬,皆無事實,然則亡是公、烏有先生之倫也,皆不可考,竊取其號耳。

卻金亭　明時建,在榕溪。令尹張公卻金處也。公諱遜,字時敏,成化九年歌鹿鳴而來,未幾推知州去,百姓攀號不絕,有數十老人齎金贐之,公辭焉。

附　載

敧器　宋以敧器賜傅伯壽。明蔣德璟記略：右敧器在傅君子訒家，銅爲之，形如小鐘，圓上銳下，口徑一寸八分，高三尺八分，環口爲旋波紋，下作虬形，一角，額睛口耳眉顴悉具，其背篆"所光"二字，其腰兩旁係小銅耳，曰欒，各寸許，平懸之，中虛可受水。其簾方，亦銅爲之，四足內篏空作芝草形，兩旁立小銅柱二，高五寸，柱中二小窪，即雙懸敧器處。按《家語》：宥坐之器。註曰：宥右同，言可置座右。《說苑》作右。或曰宥侑同，勸也。《禮》：宗伯以樂侑食。註：勸食也，所以助勸敬之意也。璟就子訒觀之，試以水，虛則敧，得水及腰則正，滿則覆。子訒祖獻簡公，爲宋名臣，是器宣仁所賜，其入泉則紹興中忠肅夫人趙氏携來也。

淳化閣帖　即馬蹄真跡。宋季遺泉。明洪武四年，守常公叙刻，後仁宗取入秘府。國朝林泉考略：淳化帖溫陵甲天下之勝。宋帝昺南渡，埋於德濟門之御殿頭，明初現光怪於秦勳府馬房，掘得之，不上九十板，所謂馬蹄石搨是也。又傳有棗木板，濱海漁人網得之。蛀朽有幾，爲豪家所得，分畀沈、李。沈世系莫考，李乃衷一先生家也，各摹勒其半。至石搨爲張君購就，增摹百三十八板，沙塘蔡公奪其八，後八板落於霞漳之地。戊辰，王徵君出《淳化考》相示，云：宋太宗臨以棗木。暇日記云：淳化帖乃唐舊刻，保大中王文炳摹勒，宋下江南得此石，太宗於淳化中始增定之。又云：初搨用澄心堂紙，李廷珪墨。汪季路云：其本乃木刻，計百八十四板。余疑若棗木爲宋搨則石搨何從而來？若石搨爲唐舊刻湊以棗木，俱攜南渡，則群書何由不載？且棗木當日傳百四十有幾，石搨九十有餘，與汪說又不符，抑亦傳聞之誤歟？

人　品

儒　林

許升，字順之，號存齋，同安人。宋紹興間，朱子簿同安，升年十三從遊，朱子秩滿從學於建陽,朱子謂其有得於內,書存齋二大字授之,使匾書院,復爲之記。臨別宿雲際寺,朱子贈詩:薄暮投花縣,聯車入翠微。長林生缺月,永夜照寒扉。清話欣無斁,離懷悵有違。勉哉強毅力,千里要同歸。又:門前三徑長蒿萊,愧子慇勤千里來。校罷遺書却歸去,此心原自不曾灰。居家偕同志陳齋仲肄業净寺,又與石子童、徐元聘、柯國材、陳汝器、王近思等友善。後徧交四方之士,若范伯崇、廖德明、林擇之、許敬之等,相過從或書問。

蔡和,字廷傑,號白石,晉江人。親老不能從朱子,勉陳易往,自以書從易請質。居白石村。同時有陳淳安卿,臨漳人,號北溪,文公有南來得一安卿之喜,晚以特科調官,往來道泉,學者勉留肄業,一時如鄭思忱、思永、蘇士恭輩,皆從和與淳學。先是郡專經泥句,自文公道其源,白石、北溪瀋其流,關洛考亭之書,家習户誦,號爲紫陽別宗。

張巽,字子文,一字深道,惠安人。宋淳熙中,張南軒講學長沙城南書院,巽從之。是時晦翁學盛於泉,如楊至、陳易,稱清源別派,巽間從之遊,得所聞於晦翁者未能釋然,乃走武夷謁晦翁,以所嘗與南軒講論中和之旨告之曰:此某與南軒晚年畫一工夫也。有草堂,在錦溪上,學者稱錦溪先生。

楊至,字至之,晉江人。以文學名,遊朱子門,朱子稱其講論精細。嘗作《天道至德》、《聖人至教》二圖,末言君子法天從政,如風動以教民善,如雷擊以懲奸慝,便是始爲士,終爲聖,盡乎人而合乎天。蔡元定奇之,以女妻焉。

王力行,字近思,同安人。淳熙間,與陳易、楊至、楊履正、劉鏡遊朱子門,朱子勉以爲己工夫,若學善問得其旨,《大全集》載其問答甚多。

劉鏡,字叔光,惠安人。淳熙間從朱子學,稱高弟。

楊炳,字若晦。精《左氏》。宋淳熙二年進士。與傅伯成、李訦號溫陵三大老。著《易說》、《禮記解》等書。自號儵溪居士。

明吳銓,字秉衡,晉江人。受學於蔡清,以歲貢擢教諭。集士有美質者,使肄業學舍,授之《易》,親爲講解。蔡元偉稱溫陵人物謂:朱簡庵鑑、李木齋聰、蔡虛齋清、陳紫峰琛、張净峰岳、黃逸所孟偉、林龍峰同、顧新山珀、林六川性之、與銓爲"溫陵十子"。

倫　　常

吕大圭,字圭叔,南安人。爲學專主知行。宋淳祐七年進士,其後蒲壽庚降元,脅大圭署降表,不從,逃入海,壽庚遣兵追及,問其姓名,不答,怒殺之。其門人所傳《學易管見》、《春秋或問》、《論孟集解》、《易經集解》行於世。居樸兜鄉,人稱樸鄉先生。

林仲麟,安溪人。宋寧宗朝,以明經賓興太學。慶元元年同楊弘中、周端等六人伏闕上書,被韓侂胄編管五百里外,天下號爲六君子。

宋陳彦達,晉江人。家富,篤義,見人貧乏惠濟之。讀書手不釋卷,舍南數武爲别館,中堂設圓床環榻,與朋友共食。士無資者,就彦達,昕昏食飲,寒暑裘葛,油膏紙筆之費皆無吝。鄭俠名其齋曰尚友。

宋林頤壽,字表世,晉江人。業醫。廬父墓,有芝産之瑞,繼母卒,廬墓,有白鵲數十往來墓上,人以爲孝感。

五代王延彬,審邽子也,邽死襲其父封於泉。性多藝而奢縱,能爲詩,亦好談佛。唐天祐中,審知墨勅權知泉州軍州事,梁貞明四年,閩王簡授管内三司發運副使,前後在任,歲屢豐登,每發蠻舶無失墜者,泉人借之爲利,號"招寶侍郎"。有詩:兩衙前後訟堂清,軟錦抱袍擁鼻行。雨後緑苔侵履迹,春深紅杏鎖鶯聲。因携久醖松醪酒,自煮新抽竹笋羹。也解爲詩也爲政,儂家何似謝宣城。

夏秦,字西仲,元季進士,避亂來晉江。明洪武中召至京,力陳年老,乞歸。有送胡郡守詩:離筵對芳草,去路遶青山。日暮雙旌遠,邦人拭淚看。時稱爲"二十顆明珠"。

明蔡觀慧,字允元,一字元文,清之父,既受封,與鄉里耆舊爲逸樂會,其言曰:朋友五倫之一,百行道義之根,凡我在會之人,善相勸,過相規,有疑相質,有憂患相與爲力。

吴希澄,晉江人。明正德丙子舉人,出爲縣令。會有老監司貪黷無厭,希澄耻爲阿狗，竟爲所中，歸隱靈源山下。王慎中晉江人，嘗讀書遵岩，因號遵岩。贈之詩：家在深山非避秦，相尋正及桃花春。近看道氣眉間異，暗接心期意下親。

方　　外

　　唐僧文偁，仙遊人。初時仙遊爲州屬邑，州刺史延致之，至則於州之四門募施者造浮屠於開元寺東，凡工值使匠自取，多取則迷方不知所如。六年浮屠成，賜名鎮國。

　　宋僧守净，有道術，安平朝天門樓、武榮金雞橋皆其所建。嘉定中，又嘗鐫石佛於安平岱華山，刻"泉南佛國"四大字於旁。其鐫是佛也，謬語匠人，以一斛灰當一斛錢，工皆喜，久之灰被風颺，較其值正當其日作。其造金雞橋，與鐫是佛同時興工，法身雙現，尤異事云。

　　宋僧可遵，字行至，南安人，徐姓。鬚髭碧眼，狀如胡僧。居清源遵岩，得施利，則鏤金繕橋，構築殿藏。朝散黃元功母病，夢神告曰：得岩主供之愈。元功延可遵而母愈，爲建三石塔於岩之百丈坪。黃庭堅嘗贈以詩：蒲團木榻付禪翁，茶鼎熏爐與客同。萬户參差寫明月，一家寥落共清風。

　　秦時高人道淵，結茅惠安萬歲峰西，白雲常覆頂，名白雲岩。

　　秦時大道，不知何許人，常出遊，逢人哭，問之曰：長城之役獨子無兄弟，因出身代之，尸解而歸。修真清源左峰，後人供奉之，名大道岩。

　　唐蔡尊師，名如金，字叔寶，其先會稽人，祖爨蘡南安，因家焉。如金以蔭入仕，晚棄簪隱於紫極宫，辟穀御炁，以方技濟人。後煉丹紫澤洞，時有鄔使君者同遊石筍，亘繩於江，走卵其上，如金反用卵走繩下；又同遊金雞，如金含酒噀樹木葉盡脱，復一噀，葉仍着樹，鄔則不能。他若石磕村驅蛇、金田村救女，功行尤不可勝紀。卒葬靈壽寺。五代留從効築羅城，徙之松灣，啓棺惟劍鑑存焉。宋真文忠禱雨有驗，聞於朝，加號昭博真人。

　　楊樵，南安人。唐末採薪高田山，遇二仙人奕，與以桃，食其半，半欲遺母，中途失之，三日至家，已三歲矣。嗣後神氣靈異，嘗爲里人濬陂，通九溪水溉田，長七里，即今自家陂是也。後治藏高田山，有道士七人訪之，對談甚歡，比出皆化鶴去，楊亦以是日化。

唐陳平，惠安人。精堪輿，嘗乘牛過山，瞑目而化，從人至，見其土自湧，留一掌示之，人名其山曰陳平，墓曰牛客。

五代譚峭，字景升，晉江人。博學能文，嗜黃老，遊終南、華岳諸名師，及嵩山道士，得辟穀服氣之術。常醉遊，夏着烏裘，冬衣葛衫，或臥雲雪中。每行吟曰：線作長江扇作天，靸鞋拋在海東邊。蓬萊信道無多路，只在譚生拄杖前。閩王昶師之，拜正一先生。後居廬山栖隱洞，能役鬼神，知禍福。南唐主賜號紫霄真人。修煉於清源山之紫澤洞，嘗作《化書》授宋齊丘作序，齊[丘]因攘爲己作。

宋詹道人，居南安高鎮山洞穴中，精針灸，有時不食，連日酣寢，人目曰鷓鴣仙，呼其穴曰詹道巖。

裴道人，不知何許人，語音似江東人，宋紹興中來泉，頭戴通草花，行歌於市曰：好酒喫三杯，好花插一枝。思量今古事，安樂是便宜。人與之錢則買酒徑醉，莫知所止宿。後數載，坐化於清源洞石嵌中，郡人泥軀以祀，號蛻巖。像旁有虎，相傳道人城歸，則虎至山下迎之，道人騎以登巖云。

宋趙永嘉，隱晉江金鞍山。有道術，嘗喚虎守室。土人餇之，酬草一槎，怪棄之飼牛，牛酣睡連日，後遺草解之，始醒，再求不得，乃祥芝也。今祥芝澳以此得名。

張道源，宋紹定中遇異人於九寶溪，使負之渡，乃曰：我泰山佛也，傳汝心印。自是靈異。來居安溪山靈湖。即太湖。太湖建岩時，邑有巨室，山多杉木，道源往視，巨室曰：視木末折者即以奉君。亡何，風大起，木盡折。既得木矣，又莫致之，乃自山頂湖中先後挺出，匠告曰：木足矣。遂止不挺。今木頭半挺，尚在湖中。人稱惠應祖師。

明董伯華，晉江人。性至孝，母嗜膏豚，因習屠。後得道術於吳雲靖，遂棄去。談徵應輒驗。兒童與一錢，爲畫雷掌中，拳而伸之，其聲霹靂。日得錢自給,以其餘施之貧人。後尸解北山紫極宮,人即其真身塑像焉。伯華嘗贈郭姓風、雷、雲、雨諸畫像,及雷石一塊,磨水可以愈疾。

明李鼎,江右人,客於泉。能導引辟穀,每晨東向吸一杯水,端坐凝神,有與語者,作行草書於几案上,旋拭之。一日入獅岩端坐,彌日不食,衆趨視,定期爲別,屆期坐化,衆因遺骨塑像。

明蘇六娘,晉江蘇啓能女。生而神異,稍長孝敬,料禍福多奇中。年十六不字,或勸之,曰:對山可移,我志不移。一日拜別父母兄弟曰:夜神人見召,明日寅刻,將辭世矣。至期祥雲繚繞,天樂遙聞,索筆留吟曰:溶溶月色浸清秋,鶴馭翩翩此日遊。一點靈光何處寄,萬年烟火紫山丘。因護柩至紫帽山麓,忽索絕墜地,雷電風雨驟至,衆散歸,詰旦往視,則蟻泥已封矣。自後累現神光,里老建廟於墓前,塑像事焉。正統十四年,鄧茂七作亂,侵泉州,太守熊尚初戰死古陵坡,賊乘勢長驅,軍民鳥散,俄有神兵從空而下,素旗飄揚,有"對山蘇六娘"五字,賊氣大阻,適調兵至,賊走去。

風 俗 歲 時

《蔡文莊文集》:吾泉素稱民淳訟簡,昔人至以"佛國"爲之號,夫概以佛待泉人,人固有未然者,然即是,亦可以諒泉俗之厚矣。

正月元日　人家皆以柑祭神及先,至元宵乃撤。此即傳柑遺意。《歲時記》云:上元以柑相遺,謂之傳柑。

人日　正月初七日。泉人取菜果七樣作羹,謂之七寶羹。

上元　夜張燈,以米圓祭先及神。

二月十五花朝　《閩書》:泉中林下諸老,有以是日飲酒賦詩者。宋《郡志》:仲春貴家開園圃,放遊人賞玩,兼旬經月。又東湖、北山多亭館,遊人相望。此節今廢。

清明　插杜鵑花,祭先,有粿以鼠麴和米粉爲之,綠豆爲餡。或掃墳培土掛紙幣。又《安溪志》云：插柳於門。

四月初一　寺僧募化人家，名洗太子。初八，浴佛，以香湯灌佛頂，分餽施主家，副以餅餌。

五月初一　採蓮。城中神廟及鄉村之人以木刻龍頭，擊鼓鑼迎於人家，唱歌謠，勞以錢或酒米。

端陽節　五月初五日。龍舟競渡。黃克晦詩：乍採芙蓉製水衣，蒲觴復傍釣魚磯。歌邊百鷁浮空轉，鏡裡雙龍夾浪飛。倚棹中流風淡蕩，回橈極浦雨霏微。爲承清讌耽佳賞，自怪猖狂醉不歸。是日懸蒲、艾、桃枝於門，貼符及門貼。小兒以五色絲係臂，曰長命縷，一名辟兵繒。又以通草象虎及諸毒物，插之。《歲時記》：剪綵爲小虎，貼於艾葉以戴之。飲雄黃酒，且噀於房角及床下，云去五毒，小兒則擦其鼻，沐蘭湯。作粽相餽。以菰葉裹粘米謂之角黍。以米粉或麵和物於油內煎之，謂之餻。此即蒕龜之訛。

七夕　小兒拜天孫，去續命縷。

中元　七月十五日。寺觀作盂蘭會。

中秋　夜以月餅、番薯、芋魁祭先及神。

冬至日　祭祠堂，舂米爲圓，餔之，謂之添歲，仍粘於門。

除夕　十二月晦。設酒食聚飲，達旦不寐，謂之守歲。熾爐炭，燒雜木爆竹於庭，或超而越之，謂之過炎。

物　産

稻　屬

占城稻　耐旱，有白、赤、斑三種，自種至穫僅五十餘日，五邑俱有。《湘山野錄》云：宋真宗以福建田多高仰，聞占城稻耐旱，遣使求其種，得一十石以遺其民，使蒔之。

烏芒　漬種甲微坼，投土中乃發芽，抽苗與赤晚同，鹵地之尤鹹者宜此。惠安出。

葉下逃　穗居葉下,故名,耐風。安溪出。

臺灣秈　種自臺灣來者,米可爲粢。安溪盛種之。以上皆秋種冬熟。

白香　有短芒,米白氣香,可作粢盛,五邑俱有。一種無芒,名過山香。

瓜 蔬 之 屬

番薯　得種番國,故名,俗呼地瓜。有來自文來國者名文來薯,形圓,皮白肉黃而鬆,最美;有土薯,形似茄,皮有紫、白二色,肉白,亦美;又有芋薯及鸚奇番。

南瓜　種出南番,亦名番冬瓜。皮有青、白二色,重者或至十餘斤。其白而長者名枕頭瓜,可玩可食。

筍　毛竹有春筍,二三月出。冬筍九月起掘,至正月漚紙時,有筍梳。綠竹筍六月生,清沁心熱。苦竹筍,有大、小二種,四月、五月出。又有草竹筍、花竹筍、火燒筍,類甚多。

榕菰　長徑尺,白如練,味甘有清香。出安溪湖頭榕樹。

茶菰　出茶樹下,色仍如茶,味甘。

動菰　雷動而苗,亦如茶菰,有大脚動、鳥子動二種。

落花生　一名香芋,花落其蒂生根入土而結成子,故名。俗名土豆。

桫花　桫櫚之花,糟而煮之,山鄉取以獻賓。

紫菜　一名索菜,嫩者搓之成索。生海石上,濱海俱有,同安者佳。

赤菜　海生而紫蔓。一云紫菜割後再苗者爲赤菜。

㳽苔　一名海苔,生海中,狀如綠髮,長三、五尺,其出澳內者名淡苔,尤美,同安鼓浪嶼所出爲最。何喬遠詩有"何物春盤伴嚼冰,海苔乾剪細稜稜"之句。

石花菜　生海嶼中,夏月煮之成凍。

海粉　出同安。有海粉母,種稗海間,吐絲成綠,粉自背上出,取而日乾之,其不當日色者黃。

果　　屬

荔支　《上林賦》作離支，蓋一日色變，三日味變，人遂以爲離支也。或謂：離與荔方言偶變耳。泉州荔支，晉南最多，餘縣亦有。五月熟者爲火山，不佳。六月熟者，有早紅，有桂林，有白蜜，有狀元紅，俱佳，其餘種類尚多。七月熟者俱山荔支。宋蔡襄《譜》：泉州荔支，惟推藍家紅、藍氏家所種。法石白。出晉江法石院。紹興初，葉守廷珪植二百株於郡圃，王梅溪第之，以大將軍爲第一。今大將軍尚有，而法石白、藍家紅在宋時已不可識矣。南安桃源、社壇及一都、二都等處，産荔甚佳，名進貢子，《通志》有七夕紅。又一種名楊師姑，多焦核。王十朋《火山荔支》詩有"臨漳一種火山紅，品雖云下熟則先"之句。又《咏陳紫》詩：端明品第首推陳，花裡姚黃是等倫。郡圃二株稱卜紫，故家風味自宜珍。《咏江綠》詩：枝頭已熟疑非熟，蔡譜江家綠荔支。真與泉南人物稱，果中猶作亞魁推。《咏皺玉》詩：莆中皺玉價傾城，品第吾何敢妄評。只恐此非真皺玉，果然是玉亦虛名。《咏大將軍》詩：荔支名字太紛紛，所見多應不逮聞。別有深紅霸群品，郡人呼作大將軍。《咏玉堂紅》詩：天教尤物産閩中，名字新奇日不同。顧我素稱田舍子，如何敢啗玉堂紅。《咏奪先紅》詩：閩中荔子勝莆中，闕下奇包又不同。正向鈴齋想風味，奪先人送奪先紅。《咏七夕紅》詩：宅堂荔子無名字，自我呼爲七夕紅。記得去冬初到日，家人指樹語衰翁。《咏白蜜》詩：紛紛蜂採百花歸，蜜在枝頭竟不知。造物要令甜在後，時人莫訝熟何遲。

山荔支　似荔支，四核而酸。

龍眼　《惠安志》：大名龍眼，次名人眼，小者鬼眼。舊府志：大者名虎眼，次龍眼，次鬼眼。二説不同，統謂之龍眼。又名荔奴，以其後荔支而熟。

桃　有斤桃，安溪出。

加冬梨　似梨而小，樹能蔽數石，即棠棃。

柑　桔屬，種類不一，有九頭柑，最佳。

橙　似柑，皮厚而黃，有蜜桶、雪桶，味最佳。仙柑、鳳柑，備玩而已。

柚　種極多，佳者皆自漳州來。近安溪湖頭新出一種，小如九頭柑，其瓤色淡黃、深粉，膩理豐甘，遠過常品，名曰含柚，不知所自來，或云鳥含其核偶生耳。

桔　有公孫祜、扁桔諸種。有小如彈子而長者爲金棗，圓者爲金彈，有小如豆者爲金豆，俗呼金桔，又呼羊矢桔。

王壇子　《異物志》：越王壇中有此果，不知其名，以其生處名曰王壇，俗誤謂黃彈，泉中呼爲暗香，狀如羊矢而較大，黃皮白肉，中有三核，辛香而甘。

餘甘子　一名敢諫子，又名菴摩勒。野生，晉、南、惠最盛。餘甘與橄欖味相似而二物也，餘甘形大小如彈丸，理如瓜瓣，初入口苦澀，末爲甘香。

蔗　叢生多節，竿高六七尺。赤色名崑崙蔗，白色名荻蔗，又一種名菅蔗，舊志所謂荻蔗用以煮糖。泉地沙園半植菅蔗，甘蔗不中煮糖，但充果食而已。《草木狀》作竿蔗，今人作甘誤。

無花果　一名優曇鉢，不花而實，色紫甜濃。

甘子蜜　實如桔，味甘，乾者合檳榔食之。

倒粘子　泉人謂之冬年，一名冬粘，一名丹粘，一名逃軍糧。俗名當年。野生，花實皆紫，膏甚甜美。

奈子拔　一名番石榴。

布　屬

北鎮布　漚白苧蔴爲之，惠安出。此布成之甚艱。

蕉布　用山蕉苞以灰理之，織而成布，出山縣。

絹　南安翁山有蠶出黃絲，生織作絹，曰翁絹。

緞　用湖絲織如江南法，名本機緞。

藥　屬

芙蕾　俗名荖，取其葉合檳榔、蚶殼灰食之，溫中破痰。

木　屬

松　宋蔡襄守泉駕洛陽橋,先爲閩部使者,夾道種松以蔽燠毒,閩人即橋旁作堂以祀,又作詩二章,歌以祀公。其一曰《道邊松》:大義渡至漳泉東,問誰植之我蔡公。歲久廣蔭如雲濃,甘棠蔽芾安可同。委蛇夭矯騰蒼龍,行人六月不知暑,千古萬古長清風。

樸　葉可磨錫,出清源山中者佳。

木棉　俗呼攀枝花,紅如火,其蒂結棉可縕褥。樹高十丈,舊載南安山川壇前一株,今所在有之。

菩提樹　即佛書所謂菩提,其子用爲念珠。舊載承天寺大庭一株,客兵爨寺,樹滅。

皂莢　泉州魯司寇廟庭,即孔子廟,沿唐時號。有皂莢,州人舉進士觀其莢多少以爲應。梁貞明中,忽生一莢有半,人莫測其祥,是歲陳逖進士及第,時黃仁穎初以學究應試,至後唐同光中亦及第,半莢之枝遂成全莢。今廟移,跡廢。

花　屬

刺桐　花木高大,枝葉繁茂,夏初開花,殷紅爛然。先萌芽,花後發,則年豐,否則反是,故稱瑞桐。宋丁謂詩:聞得鄉人説刺桐,葉先花發卜年豐。我今到此憂民切,只愛青青不愛紅。

山茶　其葉類茶,故名。閩中有蜀茶一種,足敵牡丹,樹似山茶而大,花大亦如牡丹,而色多正紅,開以二三月,但香不及耳。《閩書》:福泉人歲底取入軍持供佛。

十姊妹　蔓生,有刺,一跗十朵。有七朵者,名七姊妹。

仙花　產清源山,傳爲裴道人所戴通草花。

蓮花　晉江東湖盛種蓮花。

鐵蕉　相傳從琉球來,好以鐵爲糞,將枯,釘其根則復生。

草　　屬

鼠麴　生野田,葉蒼白,三月間採之以烝黍,五邑俱有。

戒火　一名仙人掌,形如人掌,人家以缶植之屋上,可禦火災。

龍舌草　青色厚皮,脂可澤髮,俗名蘆薈。

茅　有香茅,安溪出。

毛　　屬

玉面貓　一名菓子貍、人掌,山居者間得之,味美。

水　　族

子魚　俗名紫魚,與烏魚形同,但烏魚頭大,子魚小,子魚有旗,烏魚無,生洛陽江第一。

羅紋魚　淡紅色,鱗細如羅紋。俗呼紋爲倫。

鸚鵡魚　色青綠,口曲而紅,似鸚鵡,產同安。

銀魚　一名膾殘,一名王餘,口尖身銳,白如銀條。

蠔魚　生蠔中,食蠔,肉豐少骨,俗呼飼子飯。

石拒　似章魚而脚三稜,一名八帶,居石穴中,能以足粘石拒人。

蛇　一名水母,其形渾然,有淡紫色、白色,有足而無口眼,蝦寄腹下,蝦走則是物亦隨之而没。《越絕書》：海鏡蟹爲眼,水母蝦爲目。

蘆鰻　一名鮎鰻,土人名糙鰻,能陸行食蘆筍,其有耳者名溪巨,魚之腴者。

鰻絲　出南安金雞橋下,色白,細如絲,味美。

刀鱭　小於揚子江者,出晉江,五月乃有,俗呼刺芒。

溪鯤　浙東之香魚也,今安溪亦有。

烏鰂　一名墨魚,性嗜烏,每暴水上烏啄其喙反爲所卷食,故亦名烏賊。腹中血及膽如墨,有物觸之輒吐墨自覆,人反因其墨而跡捕之。墨魚與花枝不同,墨魚尾圓，花枝尾尖。

介　　屬

鱟　色青黑，其足十二，眼在背上，口在腹下，雌常負雄，獲雌則得雄，尾銳而長，觸之能刺擊人，在海中每遇風至舉尾扇，俗呼鱟帆。

江珧柱　出惠安。韓退之謂馬甲柱，蘇子瞻以配荔枝。形如二三寸扁牛角，雙甲薄而脆，界畫如瓦楞，嚮日映之，絲絲綠玉晃人眸子，而嫩朗過之，文彩燦爛，不忝瑶名。

蟹　一種腰有黄紋者曰金腰帶。

西施舌　土匙也，即沙蛤，似蛤蜊而長大有舌，白色味佳，本名車蛤，蟳中有小蟹居焉。西施舌者恃蟹而生，蟹出求沙土之類以哺之。王十朋詩：吳王無處可招魂，惟有西施舌尚存。曾共君王醉長夜，至今猶得奉芳樽。

牡蠣　俗名蠔，生安海、東石者佳。麗石而生，肉得海潮而活，各爲房，剖房取肉，故曰蠣房。泉無石灰，燒蠣房爲之。純雄無雌，故名牡。

蟶　長二三寸，殼蒼白，所種之畝名蟶田，或曰蟶埕。有一種長者形似竹節，曰竹蟶，味最美；又小者曰草蟶。

車螯　俗呼曰蟯，最小者曰螯白。

蚶　大者如屋、如車，《爾雅》謂之魁陸。殼中有肉，紫色而滿腹，以其美甘，故從甘，唐盧鈞名爲瓦屋子，以其殼有稜如瓦然也。一名天臠，一名瓦壠子，有略小而稜細者爲絲蚶。

蛤　殼有斑紋，一名花蛤，又名文蛤。

蜆　似蟶而小，殼黄綠，俗呼沙蟟。

仙人掌　即石蚨，一名龜脚。郭璞江賦：石蚨應節而揚葩。

蠣　海中附石，殼在上，肉在下。同安有之，俗呼曰緝。

土坯　亦名沙屑，一名土飯匙，亦名海豆芽，俗呼霜雪。《泉南雜志》：北方謂泥磚曰土坯。晉江有，介屬，綠殼，白尾，其房有毛。

淡菜　殻小而深綠,號東海夫人,俗呼爲幹。

海膽　殻圓赤而多刺。同安有。

香螺　大如甌,長數寸,雜衆香燒之益芳,獨燒則臭,諸螺中此螺味最厚,《本草》謂之甲香。

貨　　屬

酒　泉中常飲惟醇酒,即宋之醇酎及今老醋,其釀法極多,名果佳花皆供糟沛,最勝者爲金蒲五月春。

茶　晉江出者曰清源,南安曰英山,安溪曰清水、曰留山。《泉南雜志》:清源山茶,超軼天池之上。南安英山茶,精者可亞虎丘,惜所產不如清源之多也。清源茶舊甚著名,今幾無有。

燈心薰　種來自海外,名淡芭菰,葉即煙也,大如芋,可辟瘴癘。安溪出者勝於漳浦、石碼。

吉貝　泉產者爲土吉貝。丘文莊謂棉花,自元始入中國,非也。棉花雖有草木二種,其實木種者,乃斑枝花,非棉花也。《通鑑》梁武帝木棉皂帳,註釋甚詳,與今棉花無異。宋林夙詩:玉腕竹弓彈吉貝,石灰老葉送檳榔。泉南風物良不惡,只欠龍津稻子香。

校 點 後 記

《温陵事考》三卷,清史景臣編。

一九二六年,廈門大學教授張星烺、陳萬里、艾鍔風(Eck,德國籍)以及顧頡剛、孟恕諸學人,爲尋訪中世紀世界第一大商埠的遺址,聯袂來泉州開展田野調查。嗣後,張星烺《泉州訪古記》、陳萬里《泉州遊記》、艾鍔風《刺桐雙塔》、顧頡剛《泉州的土地神》諸著先後問世,在中國學術界引起強烈反響。在泉期間,泉州地方紳士吴增、曾遒等人爲他們提供了《閩書》、《泉州府志》、《晉江縣志》、《閩中摭聞》、《青氈筆録》諸書。陳萬里《泉州遊記》多次徵引者則爲清史景臣《温陵事考》。

《温陵事考》三卷,清泉州梅石書院刊刻。其書類似地方志書,三卷内容分别爲:

卷一:泉州舊跡(含泉州建置、隸屬、郡城城濠)、山(泉州府五縣晉江、南安、惠安、安溪、同安之山脈)、附載(地勢)三部分。

卷二:水(各縣下分列江、湖、泉、池、井等水資源)、橋(分列各縣橋梁)、郡中新舊跡(含郡廟學、縣廟學、書院、舊署、舊跡、祠宇、寺廟等内容)。

卷三:雜志、人品、風俗歲時、物産。

是書於今存世極稀,目前唯一一套爲廈門市圖書館收藏,故將之列入《泉州文庫》叢書。

這次點校,即以泉州梅石書院刊本爲底本,其中錯訛脱漏、漫漶不清者,則據舊志資料徑行訂正,不出校記。

編 者

二〇一九年二月

江浙贛鄂考察記

目　　録

引言 …………………………………………………………… 73

江浙贛鄂考察記 ……………………………………………… 75

校點後記 ……………………………………………………… 177

引　言

　　生產教育爲今日立教之根本,故近之中等各校奉令更改爲鄉師或職業學校者已遍全國。德化縣立初中,民國廿三年七月奉令改辦簡易鄉師,至九月更改成立,嗣又奉令更改陶瓷職業學校,令南造具實施計劃書,而改辦鄉師一切正在過程中,對於建設尚未實現,復奉斯命,更難周到。愚陋如南,忝長斯校,其學識之不專,見聞之不廣,又豈能妄自寬假,向壁虛構,致貽閉門造車之譏乎? 爰於二十四年二月將計劃書造就,親自送呈陳主席並鄭廳長請示辦法,經蒙采納,並蒙以公費,令派帶同技術人員前往江西調查陶瓷業教育、陶瓷近況,並考察江浙贛鄉師教育及鄉村實業建設。蓋欲謀借鑑於他鄉,以爲本校設施之助。爰於三月十六號由校出發,經江皖贛鄂浙,所有見聞,略爲記載,以備遺存。故題曰《考察江浙贛鄂皖陶瓷及鄉師並實業教育日記》。南素喜蹈山水,所過路程如有名山名水,亦順途遊覽,當亦插雜按日登記,故名又曰日記。

江浙贛鄂考察記

三月十六號　晴

由校同陶瓷技術員連春成,並由廳所保送往贛學習陶瓷學生、小兒毅等,由塔岸乘汽車三時抵泉,十七日由泉經集美轉廈,即查十八日有華商之聯興及太古之岳州輪往滬。南素對於華洋各物均主張用華物,故對於輪船,亦贊成華輪,所以往此聯興,豈知此輪不是常期,係是常行營口、上海間運貨之輪,上輪後方知尚有豆餅二萬餘塊,須往莆田秀嶼起卸,十九早輪至崇武,大霧迷濛,不能入口,遂候至二十日下午方抵秀嶼。

秀嶼爲一小半島,屬莆田。對面爲惠安崇武,其勢係跨莆、惠二縣,於民國九年方開港,商場在楓亭,該地有居民約數百户,設有水上公安分局。民船無多,故是日輪雖抵港,尚無帆船起走,候至廿一日九時,豆耕商始招各處帆船前來搬貨,因帆船工人無幾,一天又不得卸完,至廿二日午後方起錨,三時輪出港,至廿五日十時方達上海。自十八至廿五首尾共八日。八日中在船上之生活頗覺特別,略記如下:該輪乘客軍人居多,輪一出口群相聚賭,一日之間曾數次因賭生争打架,且有無理舉動者,於此益覺因教育之不周,始有此種愚昧舉動。如能在此無聊中閱讀書册或討論事業,當有相當心得,豈能爲金錢而費寶貴之光陰哉?南素主張民衆教育應隨地施教,在舟車中舉行有趣演講尤爲適合,若得實行,彼等當亦舍賭就聽也。

輪次秀嶼三日,余等因食用物盡,亦上陸過鄉:一爲上陸以避輪中之濁氣及惡景象,一擬入鄉探查鄉情並購點東西。該鄉多務漁農,架屋集中一處,雖有小店數間,買不到黑糖、白糖,家家事畜養,故該處雞甚足。南到時,鄉方在午餐,各家皆以番薯乾一缸(有五碗之量)充飢,在輪起貨工人近數十,所有送飯皆以番薯乾一鍋充食，未見有飯粥者，其地民衆之生活維艱可知。該地居民雖有數百家，未設小學，故民衆多受不到教育，衛生不講，人畜雜居，而居民裝束，古風猶存。居輪多日，而乘輪之未病者致病，已病者益危。南方上輪時，有見帶病之客，手持一照示南，姓袁名德輝，乃十九年在臺灣經商，後因被日人壓迫不堪，生意破產，身又罹病，現擬回家，約談數分鐘，病狀甚可怕，此人於輪出秀嶼後即大行呻吟呼叫，過二十餘分鐘氣遂斷絕。買辦聞其死，即喚水手將人處置入海。水手數人，遂將一切行李料理，並在身上搜出紙票二十餘元。料理後，立即丟之海中。據云：如在輪病死，皆以此辦法，不然應受海關處分，須停留港外一星期，方得入港。嗚呼！命之在輪，猶蟻之不如也。

抵申後處天主堂街興業里東南行，因購買書籍，在申耽擱三天。三天中除買書外，餘爲拜訪友人（如陳靜軒、黃申蕕、戴溯洄等），至廿八晚始上招商之江順輪，因擬將先行調查景德鎮並送毅就學及聘教員，即直接由上海乘江順輪至九江。江順輪係由滬至漢口定期輪，輪身高大，共爲三層，輪內日常食用品皆有售賣，可免如聯興時之困苦。

廿九日早入長江口，天氣清朗，南北二岸望之瞭然，下午七時至鎮江，回頭一望，萬千燈火一片閃紅，頗爲奇觀。三十日六時抵首都南京下關，三人均上岸，途經鐵路局體育場外，諸職員方在早操，或練習太極拳，或作深呼吸，吾國除學校外，各機關極少有此舉行，如能依此實行，豈復有病夫之誚哉？九時輪船順江之西南前進，東西二梁山峙立左右，儼天然之門戶。下午二時抵蕪湖，余等復登岸，環街一周。該市公路雖北通南京東通浙江，而全市尚未普遍。沿岸街市，衛生亦不大注意。

三十一日七時達安慶（安徽省會），天已放晴，詢查輪之茶房，在此有四小時起貨耽擱，余等復上岸。經清真寺，該寺爲清初建，頗堂皇，所有對聯皆回文。次往街商務館購地圖一張，然後往參觀圖書館，圖書頗全，館旁有古物陳列所，品物不多，多鼎爐之器。後往天柱閣小學，本日爲星期天，學生多在操場打球，頗具精神。嗣經李教員出來接待，介觀成績頗燦然豐富。校後爲天柱閣，下爲教員住室。登閣上，瞭望全城，皆了然在目。出校後順城內直街前行，略爲觀覽，因馬路尚未建築，久雨初晴，泥濘滿途，行頗不易，惟沿岸馬路闊大，頗宜散步。因開輪時間已到，略參觀後即復上輪。

下午四時，經小孤山及彭澤城，輪雖未停，其天然美景已完全印入腦海。細考小孤山乃大洪山脈爲江水所衝，其脈中斷，而土質被水衝洗，遂存脈末一石墩儼若石笋，孤插江中。山頂有閣，西南方面廟院連綿，奇異雅常，惜輪未停，不得登臨一遊。彭澤縣在長江南岸，縣建於兩山之合口處，城垣依山脊而築，遠觀之如長蛇蜿蜒狀，立輪上全部城垣皆可畢觀。過彭澤即至湖口，縣城風景略可望見。七時天已黑，遠視南岸燈光爛然。茶房云至九江煤油廠棧矣，過煤油棧有塔扼立江邊，塔之西北即光華中學也，再上爲天后宮，即福建會館所在也，過里還有望遠臺，即消防隊駐所也。輪至碼頭，茶房遂將余等行李挑上岸，宿於大同旅社焉。

四月一日　晴

擬往參觀江西省立陶業學校，由大中路向東行至東門該校所在地，校舍在路之南，工廠並教職員室在路之北。該地較市高數丈，空氣甚佳，到時由舒校長藩、湯主任大綸等介紹參觀，並述校內狀況，略記如下：

該校原於宣統二年由直隸、江蘇、湖南、安徽、江西五省合資創辦，設於江西瓷業公司饒州分廠內，名中國陶業學校。時至清革命，外省協款中斷，適李協和督贛收歸省立，改名曰江西省立饒州陶業學校。校長張犀侯，經營十餘年，提倡石膏模型鑄坯，洋彩刷花貼花，機械輾轤壓坯等法，並灌輸景德鎮各工廠。至民國添辦乙種分校於御窯廠，分製瓷、繪瓷二組。民國十三年更名，並擴大範圍，且添女子班，此後再三更名，現爲江西省立陶業學校。經費每年爲四萬四千元，而校舍亦幾次變更，至二十三年始移徙於九江東門。該校開辦已二十餘載，前後畢業生不下四五百人，歷史深長，成績卓著。現有學生七班，計一百六十餘人。男女兼收，分學術、藝術二種。學術組修業六年，藝術組修業四年，均收高小畢業學生或初中畢業者，有貴州、山西、湖南、遼寧、福建等省學生前來就學。

該校制服爲雪布,整齊樸素,有工人氣概,而食具盛菜爲層匣,且係自製,極合衛生。至工場組織計分五部:(1)原料精製部,內分粉碎組、淘汰組;(2)原料實驗部,內分試驗組、配合組;(3)製器部,內分圓琢器組、雕鑲器組、修模製坯組;(4)燒成部,分瓷器窰、陶器窰、磚瓦窰、石膏爐彩色爐;(5)彩色部,分釉上彩、釉下彩,釉上彩分粉彩、洋彩,粉彩分繪畫、填色,洋彩分刷畫、貼畫、繪畫、繪相,釉下彩分刷畫、繪畫。其工作方面:內設有引擎及器械轆轤工廠、人工轆轤工廠,并石膏概鑄型各工廠,另有飾瓷畫坯各特別教室。各廠室皆有技士一人或數人,終日在廠工作,以便學生實地仿效練習。至窰爲反射式,每窰只可出品數十担,其燃料爲煤,另有石膏爐、試驗窰、紅窰、熔釉爐,計六種。理化儀器頗具完備,其瓷之樣品甚完全,價値四千三百九十八元,其材料來源與景德鎮同。學生對工作甚爲勤謹,至出品各物多含實用,並可作各瓷廠標本。現在九江大中路有開設該校銷貨場一所,商況頗佳。

下午一時,由濱江路轉廬山路,遊覽甘棠湖及五師將士陣亡紀念碑,並往參觀九江鄉師附屬甘棠小學校,由教員黃顯光引導學生數十,適在練習童軍歌,間有一二未穿童軍制服,諒亦鄉間之學生,有所爲難也。因四日爲兒童節,教員及學生皆預備製燈,並布置教室,頗形勞動化。參觀至教室,學生皆起立,可見對於禮儀訓練有方。惟校舍甚狹小,屋式爲口字形,亦教費所限也。嗣至黃都別墅,雖名別墅,草花不多,惟芍藥兩畦,尚未放花。後由南門口街經甘棠路至福建會館,然後向西回轉遊延支亭,亭在崗上,形爲四方,立此亭一視,全市了然。下有一亭,中置石獅二。據區記云,係三國時魯肅府第之遺物,其色甚古且石已散裂,真爲千年前之古物也。繼復由大中路回寓。飯後往購中華地圖一本,並江西分縣地圖一幅,以爲參考焉。

四月二日　雨

早同春成並毅等由甘棠路擬往江西省立第四鄉村師範,路經能仁寺,遂進寺一遊。其寺爲唐梁武時所建,傍有大勝塔,惜已破壞,不能上登。大雄殿現駐兵不能進觀。寺前有石船長逾二丈，寬達二尺，中洼若槽，積水不涸。出寺即直往江西省立第四鄉師焉。校址在南門湖之南山崗上，到校由師範主任吳君亦忠領導，該校共分四院，原爲省立第四中學，去年奉令改辦鄉師，停招中學生，經常費每年五萬餘元，全校中學及鄉師學生二百二十四人。鄉師一部分在離此二十里之農場實習，因農場遠離，而鄉師學生分爲二組，輪流實習，在本校所能看到只未畢業之中學及鄉師一部耳。全校校舍建築宏偉，辦公室、圖書館、成績室居其中，辦公室之異地風景，及全校學生之照片，一覽頗具特色。圖書館之書册皆由學生勞作時裝成書盒，直立陳列，尤見整齊。勞作室木工（對聯等）成績甚佳，校之模範林場及苗圃場均在崗上。吳君云："校之四旁周圍約十里許荒園山地皆屬本校，因此地麥豆不宜，只好植樹，故農場設於他處，本校只設林場。場因初創，樹苗係由上海林場購來，初種尚未生葉，規模不大，苗牀亦正在工作。"繼往觀寢室及膳室，並遊藝室等。寢室排有自修桌，學生日在室自修，夜在教室自修，醫室、病室、調養室皆完備。繼觀勞作室及圖畫室，勞作室設備，如工作桌等頗草就，工具未全，爲經費所限也。吳君云："本省北部聯合各學者出版有《鄉校季刊》，已出二期。"余即定購一份，並由吳君贈送《全校一覽》、《前中學一覽紀念册》各一本，然後由湖買划子（長江各處小舟皆謂划子）回寓。

自造午飯，食後將行李彙齊二件，寄中華藥房秦山僧君（因往景德鎮汽車行李不便携帶故也），然後僱東洋車到南潯車站，買南昌票上車。二時過德安，車上遇閩侯人、海軍陸戰隊連長劉森，述及此地爲歷來用兵所必爭之地，民國十七國民革命軍與孫傳芳戰於此，傷亡有七師之衆。四時過永修，八時到南昌車站。因初到，事事未識，火輪已開去，遂僱小划子過江。全舟渡資只三十元，舟子爭載，幾至用武，可知該處生活之不易也。舟至岸，由警兵指導僱人力車至章江路安記旅社，住定後，三人同往第一泉洗浴，至一時方安睡。

四月三日　陰

八時同毅携鄭廳長公函往教育廳，先訪張秘書哲農，次謁程廳長伯盧，詢及閩省近況,繼蒙介紹,前往蓮塘參觀南昌鄉師及南關外農業院。蓮塘離城三十里,汽車可達。將近蓮塘,於路西有"南昌鄉師"數大字,余等即下車入校。校長公出,由周君禮出為引導。該校倚山建築,山坡之東為農場,坡西為校舍,禮堂稍上,教室等稍下,列成一排,空氣清爽。學制分為二部,第一部二年畢業,招收初中畢業學生;第二部四年畢業,招收高小畢業生。課程無大異,故二部畢業後免進第一部。本日為春假,學生多在操場打球。圖書及工藝成績排列禮堂傍,膳食由廚丁料理,學生只負監督。全校有校丁四人,勞動工事多由學生操作,農場之畜牧有牛、鴿、雞等,場前有苗圃數畝,因土質不佳,所有種植不大茂盛,蜜蜂只數箱,因蜜原太少,故不能多養。是午並在校用膳,頗近農化。飯後,即往參觀農業院新舍。

　　我國以農立國,江西省之農業尤為超著。自民國以來農業學校及林場成立甚多,皆屬教廳。現省政府為謀全省農業技術之改進,與農村生活之改善,特設農業院。建新院於蓮塘,距鄉師約四百米處。院舍正在建築,內僅雞舍及猪舍等,各畜類未盡搬來,而地面闊大,空氣亦佳,惟地皮甚瘠,鄉師所栽松樹半多枯死。

　　繼往蓮塘買車票回至青雲。遠見山崗上有石塔巍然,閱省圖知為烈士墓,余等即向右轉步往參觀。墓北為麻風病院,墓東南為青雲譜寺。烈士墓築於崗上,成圓臺形,縱橫數十丈,中有圓式墓一,有石碑鐫"陸軍上將靖安胡祖玉之墓"。前為華表,柱上蔣委員長中正題聯云:"傳箭梅鋗嶺,飲馬灌嬰池,氛祲未全消,藏血三年應化碧;築冢祁連山,勒銘燕然石,祈常茲不朽,精靈百戰好歸來。"坊後黨務指導委員會聯云:"馬革裹屍,是男兒得意收場,宇宙大名垂,黃花崗從此伯仲;燕然紀績,正國家酬庸盛典,河山生氣凜,青雲譜照此留傳。"後為四方塔,前刊紀忠牌,下為蔣委員長誌連年戰役,最後為公墓。碑上名不可畢數,上至中將師長,下至列兵。適有童子軍團來此旅行,並製花圈以弔之。嗣有數軍官亦乘車到墓觀瞻,余與毅即乘其汽車回城焉。

　　五時往教廳取廳,長所介紹往景德鎮參觀各函件。晚飯後往各瓷莊參觀各種瓷器,古陶器中有唐瓷如研臼形,然硃參黑色,中亦有新出之龍舟,價掛一千八百餘元,誠稀見也。十時回,製校章圖案,以爲定製。

四月四日　陰

八時同春成、毅往省政府前民德路黃久華定製校章,然後轉至玉皇殿,再轉公共體育場觀兒童節。有到會兒童數千人,開會後,各兒童列隊由中山路前往觀各名勝。余等則轉公園遊覽片時,然後到百花州邊午飯,飯後到南昌省立一職校參觀。到時李校長適在打球,揮汗接待。先談校之沿革,後即引導到製肥皂並製草工廠一觀,然後到織染所。適未上工,即轉由油印所而達機印所,機印係用電力,印出快捷。繼到裝釘處,然後轉到鑄子處。李校長命工友將鑄子機開鑄,迅速異常。據李校長云,鑄型只二千餘元,合各機共三千餘元,印刷有此全付印模,可算完全也。次到電鍍廠,方在開工操作。並以鍍鎔之次序示余。據云:鍍鎔須先鍍銅,再行鍍鎳,然後再行鍍鎔,再經電機磨擦後即成。繼復往織布廠參觀,各女生織布一機一式,如五尺餘闊之毛毯及印花毯,並方格子等皆完備。閱後並指導不退色之間接染色法。繼到售貨場參觀,各成績甚爲佳妙,並贈予印譜及《歷代書法大觀》、《翎毛畫譜》各一本。繼又導往閱中畫課及活人寫生。各生下筆靈活,所掛壁上各畫,亦頗有生氣。校舍爲駐軍占去一大部,以致不能裕如,且軍隊駐處頗欠衛生,亦一缺點也。李校長對余云,該校宗旨注意手工生產,故職校雖有機器,各生工作仍以個人手工爲重。預算畢業後易於向生產找出路也。至四時餘方行回寓。

四月五日　陰

早擬往觀滕王閣,先詢之茶房,謂現已爲水上公安局。三人步行到該處,見有滕王閣小學。余即入詢於黃教員,據云:該閣於十七年孫傳芳據此抗革命軍時,全城被孫焚毀,閣亦被焚,今只存廢地,此校即閣之舊址。前爲水上公安局,政府正在籌款重建其閣云。余等即轉前行到公安局門前,見門上聯云"依然東去大江,喜春燕秋鴻迭爲賓主;猶見南昌故郡,願黃龍青雀永息波瀾",看此聯可知該局係依其址也。嗣回寓,遷寓於東門,因章江路離東門車站約十里,欲往景德鎮,早車不及買票,於十時搬往東門中國飯店,房間亦較新式清潔。十一時往參觀南昌民衆教育館,材料頗富,惟頗陳舊。下午原擬至南關口參觀農業院舊部,因雨不果,在飛機場傍觀飛機升降,並參觀怡情花園。適工人方在接樹,係以欄接柳檜,即栽花碗中之欄,移於柳檜旁,擇其檜枝適能合於欄者,平削其欄皮三分之二,以口水抹削處,又將柳檜亦同樣削之,仍抹以口水,然後使兩切口相切合,以苎絲緊傅之,據云須四個月即能過皮,可將柳檜剪斷之。觀約時許,忽雨大降,即回寓焉。

四月六日上午　晴

下午四時微雨,早往一職定鉛子,九時同生、毅等步南關口參觀農業院舊址之一部,到時由董院長時進出接見,談及該院原係省立農藝專科學校舊址,現已在蓮塘購有水田四百畝、山地六百餘畝,牧場之牛、猪、雞、鴨等多已遷往,惟尚存牛數頭未盡遷去,餘均陸續移去矣。院宗旨係謀江西全省農業技術之改進,與農村生活之改善,主管全省之農事試驗、農事推廣與農業教育。經費二十三年度經常費爲二十五萬四千四百四十四元,由省農業教育項下撥十五萬元,建設經費項下撥十萬四千四百四十四元。此院開辦費爲三十三萬元,由江西省政府任十三萬元,全國經濟委員會補助二十萬元。院內設植物生産、動物生産、農業經濟、農業推廣、農業教育五部,現全省農業學校、鄉村師范農藝教育及農場林場均受其指導。據云:江西林場、農場甚多,如廬山、湖口等,其成績尤優美。繼導往參觀各辦事室,最特色者爲獸醫室,所有病害標本及儀器頗見完全,並贈余《家畜防疫要領》兩本。繼觀種子室及病蟲害室,並牛欄及製乳室、苗園等,然後復到應接室,由王秘書檢出《農業院概況》、《江西農業院組織及計劃》、《南昌全縣農村調查報告》、《農業害蟲便覽》、《江西農訊》等書贈余,然後由原道回寓。下午,往各瓷莊參觀各色陶瓷。回時往教育所取往浮梁通行證,據云須明日十時方能辦好,七日又須再擱一日至南昌矣。

四月七日　大雷雨

上午因雨在旅社閱書。十二時受教育所張秘書哲農宴,至三時往洗馬坪取通行證,然後回寓仍閱書。

四月八日　陰雨

四時半起床,收拾行李,到總站購票,乘景德鎮車,向進賢經東鄉、萬年、樂平等縣,下午二時至景德車站,由挑夫引導過渡入鎮,轉往陶業管理局。杜局長重遠出見,將教所鄭所長及南昌程所長所介紹各位,甚爲歡納。即談及江西瓷之狀況,並詢及德化瓷之近狀,次談所送之學生入學手續種種。飯後派伍先生招待住於陶業分校。本日由南昌至景德鎮路程五百餘里,此車開得特別快捷,所經之梁家渡、黃金埠、韓家渡、蘇家渡,此車皆由平底船載至,亦本日之初見也。

四月九日　雨

八時往街各工廠參觀各瓷工工作,並採買標本數十件。工作概況如下:

1. 製碗(即圓器):其製法手續與德化異,爲分工合作,較德雖麻煩,其學成較易。其秩序如下:

   (1) 製坯,即以瓷土置轆轤上,使之旋轉,揑成坯形。

   (2) 上印,即所製之坯俟其稍乾,嵌入圓陽型,以手力打,並用板打其底,使與型切合。

   (3) 再俟其印過之坯略乾,復置於轆轤上,以刀削其外面,使之均齊,然後脫型。

   (4) 裏面以筆含水磨光。

   (5) 裏面上釉。

（6）外面磨光。

（7）外面上釉。

（8）置鞴轤上削其底足。

（9）上底釉。

（10）全體吹釉。（上瓷行之）（吹釉係釉水貯於霧吹罐内，以口吹其管，其釉飛出甚細，如上瓷或大件者用此甚利便。）

（11）裝入匣缽内送窑燒煉。

2. 製瓶（即琢器）：

（1）製坯。

（2）車削，即理坯。

（3）上内釉。

（4）嵌耳並口。

（5）上外釉。

（6）全面吹釉。

（7）裝匣缽送窑。其瓶蓋之手續亦略相同。

3. 製筒瓶（俗名帽架）：先以鞴轤車成二節之坯，次復車削二節成相稱，然後以泥漿塗口切之，再行修削之。製瓶（茶瓶）製筒瓶僅免印型，其手續亦須六七次。

4. 製匙：

（1）以土置布上打成薄片，嵌入型内，削去周緣，數分鐘稍乾，匙已與型離，即行取出。

（2）以筆浸水抹光。

（3）上外釉。

（4）以筆塗内釉。

（5）再加吹釉。

（6）上釘床。其釘床爲紅土製成，其釘係硬紅土搓成，長約八九分，經與大針等入火燒過,然後折成長約二分者三條,釘入題床,以匙架上,再以稍長之釘二枝,一端接於匙柄,一端塗硬土泥切於匙床,然後排入匣鉢,以便送窰。

5. 瓷板:

(1) 切成厚四分、長短自由之長方土板二,如甲、己。另切成長較甲版稍短八分之梯形版四,如乙、丙、丁、戊。又切成長與甲版之闊等,其闊與乙版上端等,厚如甲、己之版,如庚。又切成長等於甲,闊等於戊,底厚等甲、己之板一,如申。

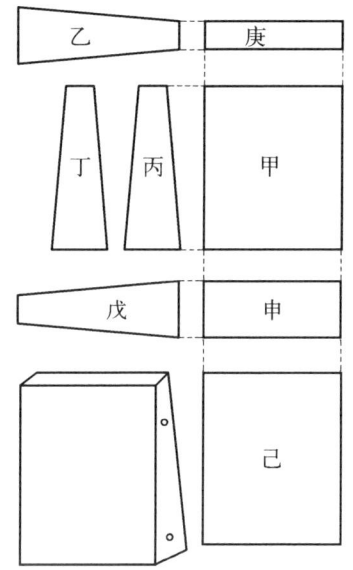

(2) 以甲版置於水平臺上,乙、丙、丁、戊之版依次一邊塗以硬土之泥,一一切立甲板之背面,以平版驗平,再塗以硬土泥,然後以己板置於二條之平板上,兩手捧平板之端切入之。再以上下端各緣塗硬土泥,以庚、申二板切入之,削去餘泥,即可付之吹釉,裝匣鉢送窰。

注意:當製土版時,其土須硬軟適宜,平臺土板上應蓋以布,然後以土置布上,攉之使成四分之厚版,攉時須依勢向周圍攉開,使版中不致有空氣含蓄裏面,以致燒時炸裂。

又工作平版臺之外,應另以瓷土製成一平臺,製成未割之土版,以棒連布捲起平覆於臺上,然後收布取去其水分,受土平臺吸收,易於乾燥,以便取割切製。

四月十一日　陰

早往參觀縣黨部。該部爲原一高閣,在御窰廠後之山崗上建立三層,登樓四望,全鎮瞭然。墻屋密布,瓷窰烟突林立,聞原有一百七十餘窰,現尚存一百三十七窯。望見有烟者只三四枝耳，其商景之不佳，於此可見。次往丁宏順製瓷店，由其弟丁宏椿介紹前往參觀製大花瓶者，置土於轆轤，先製成坯三節，候略乾即付修削，然後以粘泥塗接其口，兩節切合，削後再嵌以口，再行削修，並以筆蘸水抹之使其光滑，即可吹釉裝入匣缽，送窯燒煉。

製瓶之工最細者爲林鴻泰所製花瓶，燒成儼若卵殼，全瓶透明見白光，其全瓶厚薄亦勻。據云：全鎮製瓶者數百人，皆莫與等。所有出品出窯門，顧主即爭奪之，故其廠未見有積貨也。次由丁宏順介紹往參觀出窯，其窯係昨日午刻方熄火者，熱尚未退，工人帶厚手囊收各匣缽一一抱出，余同春成等皆入窯一察，熱氣燻勢不可擋，彼尚出入自如，亦習慣也。

下午，復由林宏椿帶往參觀雕刻者。到時方在刻製瓷匣平板等，其細異常，刻工出所刻燒過之龍舟，舟上所有各龍之眼及珠並舌皆能活動，携舟之鍊環之皆能活動。至所刻之山水尤其精細。其刻法於版或器面以筆略繪形狀，然後以筆蘸泥繪塗，候乾以小刀刻之，即一絲一毫皆能現出神態，儼然真絕技也。本日於參觀中並購得瓶等之標本數十件，形形色色。購一印盒，據工人云須刻十二日始能入窯，余只花二元購得，於此可見該地之瓷工不景氣也。

晚在管理局遇見楊君，係遼寧人，原讀東北大學，自九一八事變已不能續學，後充義勇軍，失敗脫險，經受杜局長之函招於二日前到此。並言由關外步行，歷盡風霜，經山東至青島，因身無餘資，沿途求食，受盡各種奇遇，並談東北民氣之激昂，日人對東北不啻視爲屠場，其慘狀不止奸淫擄掠，略舉例一二，有任人耳不忍聞。至十二時散。睡後，在夢中又覺不安也。

四月十二日　陰

早至東門頭購一黑色三足爐，余愛其式色皆蒼古。嗣往福建會館，游主任伯椿接，遂即蒙介紹余等往觀製造大琢器（如高五尺餘之大花瓶並缸等）。大花瓶之製作係以土置轆轤上，一人司轉，一人以雙手抱，成三層，然後接合。而其粗坯甚厚，約有八分至一寸，候乾用刀於轆轤上修削使薄，然後蘸泥於接口處合之，使成全瓶，再候稍乾修理表面，驗其有空疤點，用泥補過，然後用大筆刷蘸水刷之（刷時置瓶於轆轤上使之旋轉，其刷筆浸水由上按下刷之），可得光滑，然後吹釉裝入匣缽，送窯燒之。其他之琢器大略相同。次往參觀粉彩（中國顏料），並研究其調合配製及用筆種種，至十二點方回。

下午，由丁宏椿帶往採購唐花瓶三、明花瓶一，旋帶參觀細雕家之方君義順，到時方君正在工作，遂起立殷勤招待，嗣捧滕王閣出。閣爲二層，已燒過，雪角繫鈴之鍊及所中之吊燈鍊環之皆能轉動，閣內有人十餘，或立或倚，皆能自動，閣窗之格較細羅尤細，且作花紋。次引觀七層寶塔，其細與活動亦與閣同，其塔之雪角每層共八，皆有繫鈴，共五十六，皆能搖動有聲。餘尚有花籃龍舟及瓶器等，皆琳瑯可愛，任人觀之不厭，真神工也。壁上並掛有各國並中央賽會獎狀數張，可見其技之一斑矣。

四月十三日　上午陰，下午晴

早往參觀江西景德鎮陶業公司。該公司創於民國二年，至十五六年，得利頗厚，近年因處處經濟不景氣，此窯經已停閉。該公司存貨式尚多，大多玩具，製工及彩工極精細，所定價格頗高。嗣往楊德盛廠觀細雕，並購到纏龍色胎（未上釉素燒者謂之色胎）花瓶一及雨過天青色花瓶三、空色花盆二。所購之纏龍花瓶，其雕工甚細，龍鱗火炎爲平常目力所不及，左右兩耳爲獅頭，口唅之環及龍之眼並舌皆能活動。

下午，往丁宏椿家，渠方與其妻同塑八駿馬，余到即取出燒好觀音等，余購其一焉。渠云：參觀景德鎮瓷業，其普通者多已略睹，尚有各途之最特色者，我應介紹前往分別觀之。遂先到王步家，渠云此家係彩青花，爲江西青彩第一。至其家，方在舉筆，視余等到，立即放筆招待。所畫之版爲長方形，係繪山水，方畫二古樹幹，此筆蒼老異常。余向索觀燒過之作品，渠云："余畫就者人已取去，所餘者只長橫版一件，係因一端有疤痕，余不讓其取去。"中畫群鳥穿林圖，飛者、立者皆作翩翩欲動勢，視其定價爲四十元。次觀其畫筆，其柄甚長，問其所以,渠曰:"此乃藉筆管搖動之勢。其筆峰描過燒後,方能輕重濃淡清楚,不然則筆劃糊塗也。"至此始知品之美惡,不獨手技,器亦有關焉。

次復穿過二巷,上有黑版白字,"彩畫王大凡寓此巷內",入此室,清潔異他屋(景德鎮住屋多欠衛生)。王君方在閱報,丁君進說余等來歷,渠即出迎入室,後觀玻璃櫥內有十二寸畫板燒好者四張,定價爲八十元。皆詩中畫稿,筆勢近錢吾生,筆力蒼老,光暗分明,遠近合透視畫理,此款字尤妙。次談及畫及料前後方法,並應用之畫筆等,及顏料研磨之手續,甚爲周常(詳)。次到刷彩鄒和生處,數十彩工方在工作,所彩皆爲花瓶。鄒君並出名刺,爲同業工會主席,導余等參觀各室,集貨頗多,大小瓶總計有千餘枝。余購罐二,即由丁君復往引迎祥衕,參觀饒蔭堂洋器脫胎廠。其製法與圓器略同,坯亦用模印,惟花式之缺口,係先記以號,然後用刀削成。饒君有工廠四,皆一一導觀。中有魚盤便器,皆用模印。便器之模,一爲平盤,一爲半瓠形,分印後即合爲一。該廠所製洋磚,尚未得法,應加研究也。

時近四點,天黑雷鳴,大雨滂沱,余因昨購宋均色瓶一,擬付彩紅手畫金(江西所云彩工皆曰彩紅),即冒雨由宏椿之兄宏順帶往定彩,到店後雨益大,街巷皆成溪河。在店坐候片時,雨稍停,店主搬各彩器視余,余遂買纏龍粉彩大花瓶一、古彩花瓶二,冒雨回寓。所經街衕水多滿膝,如履深淵,雖披雨衣而下身盡爲水濕,街旁閑人多注目視余,余亦不覺此如何苦楚也。

四月十四日　大雨

上午八時在寓寫信,十一時冒雨取藍色瓶到彩店定金畫,嗣回至南直街余兆春古陶店研究顏色。下午,到東門頭街購天女散花一。按白瓷之人物,德瓷勝於景德,而身加裝彩爲德邑所無,故購其一以爲參考。四時受福建會館經理游伯椿及同鄉宴,始查得閩諸同鄉前來景德經營商業者以黃烟爲多,瓷次之,長汀、永定、龍巖、閩侯居多,近年多散往樂平各處耕田爲生。六時散席回寓。

四月十五日　晴

自前月十五號由德動身已過一月,本日爲晴之第二日,到鎭買爲第一日,所以格外開心。八時即由縣口向東前進,採購什瓷以爲標本。行至河邊,男男女女、大大小小,因本日初晴,在河邊洗衣、裝貨等等,非常熱鬧。余並查詢船夫往鄱陽之船,據云在財神衖口下船。下午,轉福建會館,請游經理再帶各特別處參觀,遂派工匠一人帶往葡萄架下一帶考察並採購標本,至五時許方回寓。

四月十六日　早陰,九時雨

早同春成等到蓮花塘陶業管理局謁張科長浩。日前來校陰雨淋灕,都見不到蓮花塘裏真相,昨得一日大陽,山路已乾,路傍蔭樹槐蕊初放,桐花盛開,池傍柳下洗衣少女不可勝計。樹上之鳥聲與池傍之搗衣聲剛柔什調成種特別風韻。向池之左傍前進爲浮梁醫院,院爲二層樓,背山面池,空氣甚好。再進爲農林苗場,場廣數畝,苗木或花或芽,又是別成景象。再進爲珠蘭花園,珠蘭怕日並畏霜雪,皆加蓋竹籬。再上爲蓮花寺,原擬一遊,因扎營不能進,即轉往陶業管理局。庭中什種玫瑰長春,適逢盛開,朵朵皆現迎賓之態。投刺後張君出見,人甚和藹可親,初則詢及德化瓷之原料及近日之狀況,繼則談及創辦瓷業學校之經過,余並請其介紹教員,渠許之。坐片時大雨已至,余等即將日前所寄之衣箱取回。出校門向左山路,經六柱亭,過池前亭,左望高牆白屋,橫書"景德鎭立初級中學"。校正與右之舊陶業分校相對,該校址前臨池湖,後背高山,真佳境也。

下午,到老衖口,向劉禎祥顔料鋪研究坯下彩顔料,並購數件杯碟,並一釉裏紅茶壺以爲標本。回寓時,適都昌陳君韻唐及陳君任寰來訪,談及德瓷並景德瓷之情況,一時許方回去。晚往丁宏順處,研究製型,九時餘方回寓。

四月十七日　雨

八時往三山會館,觀日前託張玉珊所繪之像,余特嫌其輪廓與瓷版配合不大對,但尚可以。繼訪游伯椿君,同往朝陽門外周王廟桃花術一帶考究各瓷樣式,並購蓮花碗及茶壺等之式樣回寓。下午,因雨太密,在寓閱《浙江省志》,預備不日到浙參觀。晚飯後與伍君計劃開辦瓷校人事。

四月十八日　雨

八時同春成等往丁家術看出窯,再研究景窯之構造情形。十時往饒華豐號,購各種杯碗樣式以爲標本。一時大雨淋灘,遂冒雨到福建會館詢問託其聘人事。二時往大強家術口,受陳俊、陳韻唐二先生宴。其家存古瓷甚多,內有雙連瓶,係二瓶合抱,繪彩精細異常。次出一燈籠套瓶,外瓶爲方,內瓶爲圓,內瓶能自由旋轉,外瓶爲雨過天青色,瓶式極古。次出一得勝罐,聞係施琅平南得勝,滿清特爲製此紀念。內外共三層,中施彩繪,最外爲茶抹色,形甚古老,面以中金畫穿龍,傍三面嵌花,乃細刻者,據云爲無價寶。五時回寓,轉到財神術取所定燒之金龍花瓶。晚謝洛川先生來談製造玻璃瓶,並談及採取原料之情形。

四月十九日　晴

早八時同春成等擬往浮梁縣立飾瓷職業學校參觀,行至中途,適遇燒窯者將殺火,工人方在出炭。看火色者(即看窯之熟否,查全鎮看火只一人,窯之熟否全憑此人目力,故窯之如何,窯主可不負責,責在看窯者,凡燒一窯須三四十元報償,如瓷景好時,每年可有萬元左右收入)帶余登窯頂烟囱旁參觀,各色囱內叠滿小匣缽,皆成紅色,窯頂離烟囱八九寸處有一圓孔,上蓋小匣缽。看火者將缽掀起,以口水滴入,至半途即與窯中之銀白色相混一,渠云火須至此方算燒熟。回至窯門,炭已出完,工人將石膏舊模自窯門擲入,繼將全門之小磚打開,見窯內缽、盒叠成之柱成皆銀紅色,甚爲美觀。

嗣往飾瓷職校,適校長汪及斌不在,教員李挽瀾出接,坐談片時,始知該校原址在蓮花塘陶瓷管理局,因本年該局成立於其處,該校即行移此,且縣立教育費無着,故設備不大周至,所有成績有瓷彩二櫥,最爲優美。應接室四壁所掛之瓷盤圖案畫,色樣頗雅。學生分三班,三年級方在畫瓷教室工作,一年級上國畫課,教員正在寫對聯,全班學生作旁觀,未見有作畫者。另一班在操場戲球,觀至此即告出。轉管理局與張科長犀侯研究瓷石,並催其尋薦教員。下午,往福建會館室,工人往德契約稿並轉瓷器街買標本,七時回。

四月二十日　上午陰,下午雨

到梁多日,皆困於陰雨中,本日天陰無雨,先由謝洛川先生介往參觀瓷畫山水,後即由東門頭前行上大魚山,全鎮景象盡在眼舉中。烟囪林立,出烟者惟二,可見本年瓷況之不景氣也。嗣過蓮花塘口,再上北山向西一望,昌江如帶,衆山拱立,對岸馬路、車站皆可畢視。山巔空氣極鮮,精神爲之一快。閱未多時,不意老天無情,微雨又至,遂下山。沿途參觀工廠,至十二時始抵寓。下午,復往福建會館接洽工友事,三時回。於東門頭買一麻姑、一壽星而回。余因取其壽星之像,老態有趣,且笑容可掬,愈看愈任人生喜,原擬單買壽星,惟售主欲賣全套,故雙購之。

四月二十一日　陰

八時同春成向東門頭前進,略參觀各廠,並細爲研究刷花方法。午後由張王珊帶往參觀琢器廠及瓷版廠,皆細爲研察至盡,方由十八橋回寓。然後再往參觀義思井洋器製造及飛禽走獸雕塑廠。

四月二十二日　上午晴,下午雨

早同春成等往義思井梁義發廠,研究製洋器,並談其弟欲往德化瓷校工作,嗣由江君帶往蔡家術觀雕刻,並觀其石膏製型及茶盤等鑄型。十時前往蓮塘參觀農業院林場分所。下午,復往梁義發廠學習洋器。四時往取紅花瓶並到財神術參觀粉彩,至天黑方回。

四月二十三日　晴

早往陶務局謁張科長犀侯商教員事，嗣往研究燒窰。下午，再往東衕各工廠考察，一切求其詳盡。

四月二十四日　晴

早裝標本入箱，並再購買美女標本。下午，到黃家洲太平衕訪劉彩匠，並到福建會館及陳俊等並各友處辭行。

四月二十五日　晴

早收拾行李交由船夫扛往財神衕上小划子，七時開船，船方離岸。回看景鎮工廠重叠，面江一望，帆千如林，最奇者爲岸上洗衣婦，千百成隊，搗聲滔滔，尚有肩售肥皂、油粕者，與賣菜、賣油條者叫聲隆隆，於此可見該鎮人口之多也。船夫分工鼓撥。余坐船尾，舉眼東西兩岸，樹木方葉，青綠相間，杜鵑盛開，紅黃如錦。余心如轤，方思及該鎮陶業發達之由來，忽聽岸上杜宇聲之喚"歸與、歸與"，正喚余歸去，將德化良美之瓷礦材料細心改進，德化亦未來之景德也。鳥語雖不謬，尤望政府之爲力也。思至此，遂取紙筆，擬《改進德化瓷業，應宜移地開窰》一篇。出鱸魚山，過古縣渡，天已黑，遂入船，與成春談及余過去經歷、情形，至十時方安睡。

四月二十六日　晴

早七時舟到鄱陽華安輪船局口，行李遂移搬華安輪上。查此輪起錠須十二時，余等即上岸，由大街至張王廟。張王者即張巡，唐時人，爲賊所困，與許遠同死守孤城五月餘，時久餉盡，救援不至，雀鼠具穷，繼殺愛妾以餉軍士。後因城陷身殉，追封爲張王，立廟以祀。今塑此像於中堂，巍巍然有生氣，雖死猶生，人何患壽之不長，須患志之不立也。

廟有初級小學校，學生方哦哦讀誦。教員胡楷導余等登後閣，閣共四層，至末層,鄱陽全景盡在眼中,所有王潤泉題聯云:"到最上頭,憑欄遠眺,快收將彭蠡奔濤,匡廬飛瀑,東湖積翠,芝嶠晴雲,四面聳奇,觀更多烟火萬家,庶矣至今稱廣晋;緬前□事,繫筑高歌,惜那些魯公亭圮,范相祠荒,止水池寒,督軍名香,千新留正氣,祇此巍峩一閣,巋然終古對睢陽。"又後堂對云:"當年天厄英雄,困睢陽五月,孤城餉絶援窮,獨立漳江淮,百戰捐軀身不死;今日地非靈武,看彭蠡滿湖,新水風平浪静,餘威鎮□闕,萬方圖像氣如生。"胡君並將閣之東西南北,所有新建設、舊勝跡一一指導,謂鄱陽風景首推芝山,不特鄱城舉眼可望,且全湖亦得略眺焉。東湖有范公祠,附近有陶侃墓,石碑一方,巍然高立。北山有侃母墓,環墻巍碑尤爲可觀。城内有陶侃舊居處,即當時侃母斷髮待賓之處也。賢哉,侃母!瞻仰墓堂,且任人生敬也。繼將各學校及機關所在地盡爲指點。嗣下樓出廟門,回瞻高額,有"天地正氣"四字,尤任余生敬也。

　　沿街直行,入東門,有塔巍然,即觀音堂也。塔之門已封閉,因係塔磚築,年久失修,已不能上登矣。向東視黃瓦高宇,爲舊饒州府文廟,今爲鄱陽農村師範校舍也。入此校由教員曹迪光、訓育主任李熙綱出招待,參觀一切。校舍完全利用文廟及各祠改裝,地方寬大,空氣流通。查該校原爲芝陽師範學校,成立於民[国]十三年,經費係以公共學田各項鳩充,初僅三千五百元,後由政府每月擴充三百元,由各教職員慘淡經營,規模已具。校長姜伯彰近鑑全國農村破産,金融枯竭,並向各方面探究從前學校之失敗原因,大概皆得"學無實用"之答案,故近擬徹底改變以能力爲畢業,繼如從前以文憑爲畢業,始改辦爲芝陽農村師範學校,定有全部設計,内如定"校内設備",即以農村爲對象,各項設備均以適合、改良農村爲宜,故形式上採科學農村化的布置,實際上就地取材,自行創造,求最經濟、最切用的效率,以便農村採取。至教學方法,以應機施教,真求效率爲原則。第一部生由住教需要學理,第二部生由助教得便學習,第三部生由做工順求學識。該校編製學級,採智能混合互助制,暫分爲三部招生。第一部以曾充小學教師及高中畢業或有相等學力者;第二部以初中畢業或同等學力者;第三部以年少農民、木匠、泥匠、係匠、園工、花工、商人能認字通文者充之。

此推廣事業，有附城中心小學、農村中心小學、農村小學、農村聯合小學、農村工讀學校、農村巡回教導園、農村學事詢問處、農村合作苗圃、農村成績展覽會、農村學董會等，所有辦法甚合今時之救藥。據曹、李二者云，近因補助費影響經費不足，所有計劃皆未得實行。嗣由二先生引導參觀各教室，學生制服頗齊，精神煥然，各特別教室尤特色可觀。所有空壁皆寫《國恥史》及《建國大綱》等。登後操場山坡上，可以遠望遠近全景。繼至二堂外農場，桃樹成林，苗圃花苗初苗，而地廣數十畝，或為草場，尚未開墾。曹君云，此實為經費所轉，致使不能進行。噫！有天然肥沃之地，而無資力開墾。中國名以農立國，而農場竟成荒土，比比皆然，所以困窮若是，誠可惜也。

嗣導余登魁星閣，風景尤佳。出校門望東北角進，為鳴山廟，廟方新修，墀有古柏，大可三人抱，葉已枯至四分之三，樹身離地九尺餘處有樹瘤徑二尺，據云為明太祖戰陳友諒於此，友諒放箭射太祖，太祖避入樹後，箭中樹，其遂生一瘤。後太祖登極時，封其樹為柏樹將軍。現樹頭有汪玉芝等建臺以護之，名曰柏臺，旁有石碑，誌事實也。至是鐘已十一時許，遂由大街回饒安輪，不數分即上錨向湖開發，輪之後繫大杉板六隻，行頗緩。順河前進，兩岸碉樓巍立，與古塔相對峙。青草黃麥，與湖水相輝映，望之無涯。前讀地理，作理想之鄱陽，於今始實見也。五時輪忽停，解去所帶之篷船，疾向南開，視之有火輪一艘，因誤入淺沙洲，該輪欲前往牽救也。到時將繩繫彼輪，兩輪皆開足馬力，鼓浪約數分鐘，方始救出。該輪氣笛三鳴，想係道謝。饒安輪亦答以三吹，想係回敬也。解去繩後，饒安遂回篷船旁下錠，聞因已夜，湖中輪路無目標，故不能夜行。是夜微雨。

四月二十七日　略晴

六時開輪向北行，十二時至都昌口。都昌在湖之東岸，城垣依湖濱而築，倚山面水，風景絕佳，惜輪不停，未得一遊。再北行至大王廟，各舟皆焚香鳴炮，殺雞以祭之。廟旁之山及對山皆堆滿沙墩，乃大風作時由湖之沙壤上也。聞風起時,湖面風浪最急者即此處,行舟者過此常有停泊十餘天不得前進者。俗人多謂湖神作祟,實因廬山障其西,大洪山橫此東,南北之風至此遂成一路,故風勢愈猛,行舟人多迷信,以爲神異,真可哂也。開船者所到湖邊有廟,皆鳴炮焚香紙以祝之。再北行,廬山峙立西北,直出雲端。星子縣在湖西岸,兩塔矗立,十里外即可望見。廬山之五老峰突立縣北,時方雲出半山,由輪上望之,仿若五老駕白雲臨湖也,過分鐘雲散,萬尋石崖,凹凸不一,真奇觀也。五老峰下,有一片新地,周圍約數十里,紅灰相間,即海會寺,前訓練所之建築處也。不數里突現一山,山上有塔名大姑山,因其形如鞋,又名鞋山,舟人云即大姑之鞋,荒唐可哂。再行北即至湖口縣,天已晚,遂下錠焉。

四月二十八日　雨

早上岸遊湖口縣。查該縣舊名彭澤縣,陶淵明爲彭澤令即此,非小孤山對面現時之彭澤也。湖口爲江西水道之咽喉、長江的要害,最占形勝,太平天國時,彭剛直(玉麟)在此訓練水師。湖口縣原無城垣,此時曾國藩、彭玉麟始築成。其城後面靠山,前面臨水,依山脊高下建築城垣,蜿蜒有致,恍如閩之延平城。山上有小塔,無窗門不能登上,景頗可觀。城之南北有上、下石鐘山,南石鐘山乃湖水南來之衝,北石鐘山在江湖之間。聞蘇東坡作記乃南石鐘山,此山於明萬曆時太監李道奉設關收稅,在山上大起樓臺,稱爲李圃。後李去關撤,聞至清初即成荒烟。據云山上尚有一椿,爲明太祖繫馬處。余未登上,亦未見望,想已無存矣。北石鐘山亭閣樓台層層相叠,景致甚佳。該山之石盡插空直立,如蘇州之范墳(萬笏朝天)然。內有前彭玉麟所建昭忠祠,門對大江,形勢極爲壯觀,民國後已改爲烈士祠,祀湖口死難烈士。後因駐兵,破壞不堪,柱上只存許多楹聯,有彭玉麟聯云:"忠臣魄,烈士魂,英雄氣,名賢手筆,菩薩心腸,合古今天地之精靈,同此一山結束;蠡水烟,溢浦月,潯江濤,匡廬瀑布,焉當斜陽,極南北東西之勝景,全憑兩眼收來。"最奇者兩山之下巖壁數尋,壁上洞隙叠叠,江水之波一進一退,來往石隙處,發奇妙叮噹之音韻,真奇聲也。

八時船向長江西北行，十二時至九江，住山東旅社。下午，往陶業學校，舒校長似藩出見，即將張科長所書之出交與焉，並談及託請教員及毅插班事，皆蒙許允。惟是日星期，諸教員均不在，須候拜一辦理。三時回，即聞海軍醫院皆福建同鄉，即往一詢，至時由院長出接，詢及福建近事，並蒙招待一切。晚飯後介往觀閱三國時周瑜水操閱兵臺，然後道別回寓。

四月二十九日　晴

八時同毅等往陶校辦理毅入學手續，並由舒校長介紹王、胡二教員來會，繼往參觀工場實習，並工場情形，至下午四時方回寓。自由閩出發以來，諸多陰雨，本日已開始放晴，即擬明日往匡廬考察農業院之廬山林場及無名學校，並廬山勝景，此舉共有三目的焉。

四月三十日　晴

廬山風景聞名天下，古今之名士往遊者，皆嘆為奇絕，自東西各國闢牯嶺為清涼地，其價益增。余於前在《中華雜志》閱及該處有一無名學校，到南昌時參觀農業學校，聞董院長談及廬山農林區之發達情形，此次係奉命考察生產教育，二者皆有參觀之價值，遂決意前往，藉作考究，並飽閱風景。余將行時，曾買《廬山指南》一閱，內敘上山情形甚詳，並云應僱四夫之山篙等語。余性觀山最惡乘輿，我既有天生兩健腿，當能扶我上山，決不願靠人之足致為束縛。且吾非殘廢者，何用靠四人之足，且余此行雖為公費，其數有限，除舟車為不得已無可設想外，餘均用兩健腿逐步走過，細察方得周到，斷不肯如一班之特派大員，以一有格空紙寄託查填，己則危坐寓內，或則留擱半途之行為也。

早七時收拾行李寄社內，遂預備輕裝，同春成僱人力車向甘棠湖前進。過十八鋪，行八里而達蓮花洞，即到警辦事處，遂注冊領證，二人各手攜行李，拾級而登，過竹林窩，上好漢坡，一路上盡是搬運松坂、水泥、亞鉛諸建築材料，接續不絕。余同春成奪前行，於十二時即抵新街，稍休息後即向大林路前行，路傍有石鐫吳遇題:"讀書大林寺,航空成自天。泉石同所好,國恥恨未湔。衆志仍成城,新任須等肩。疥壁意云何?願言互勉旃。"再斜西而下,約半里即大林寺。寺不大高,上覆亞鉛,與普通之寺觀建築大異。内有白石如來一,潔白異常。座前有鐵佛二,連成一座,座高尺許,闊七八寸,下座字爲"大唐周(開)元二年十月九日古佛□□(不明)"。此質甚古,是爲唐物也。庭有勺藥方盛開,所左有蘭一盆,計開兩枝,一如常蘭,一爲球形,共有數十朵合成如球,其徑離土約三寸,異香滿室,真瑞蘭也。順西行,過石橋,依澗開池,樹其牌於門曰"放生池",視《廬山指南》志,舊即荷花池也。出數步有箭牌向澗指,寫"天橋"二字,即順小澗前行數十步,澗西北有天然石叠如橋硪,上石向東澗邊伸出,形勢雄壯,澗水由橋下直瀉,高不見底,水聲隆然如雷,真奇觀也。

過天橋路,左有花徑石門,查《廬山小乘》,記唐白居易夏月游此,見山桃盛開,作詩記之。明閻爾梅,清查初白、潘次耕均有記,名之曰"白司馬花徑"。牯嶺闢後,人莫知此蹟。民國己巳石工開石,見有"花徑"二字,適李拙翁過,觀之,字徑尺餘,小字已不能辨,因命停開。後李查該地爲嚴孟繁業,因函請其捐地若干方,建亭榭以保存古蹟,胡幼胝、方耀庭各捐資建亭,陳散原名此亭曰"景白",並爲作記,且另建亭、閣各一。

出花徑,適有僧數人由上而下,余即問此人頭石所在,彼即摇指向下示,並告路徑。由小澗行十餘步,即見一石在山背脊,層叠成人頭形,據志云,前此爲錦繡閣之路也。再向西行有息肩亭,傍有一石門,上鐫仙人洞,對聯云:"仙踪杳黃鶴,人事探白蓮。"入門拾級而下,仙人洞在焉,向供吕祖。殿後有二池,水由石隙出,叮咚作聲,余同春成各鞠池之水以飲之,甚爲甘洌。向右行爲天香几,爲林主席森所建。再後東北,據標指有竹林寺,實則有名無寺,惟於斜脊崖上有夏斗寅所建之臺可以坐息。再後爲訪仙臺,乃蔣委員長中正所建。據《廬山小乘》云,其臺昔非在此,即在御碑亭,此乃一道士曾支茅習静於此,今既改建,故名之曰新訪仙臺。

順原徑出石門,望墩頂有亭,上覆以石,其屋以石建,甚蒼古。登而視之,中有碑一,即御碑亭,碑爲明太祖製《周顛仙傳》,碑高丈二,闊三尺八,厚七寸,石質堅實細潤,爲詹希年敕書,碑前刻《周顛仙人傳》及天眼尊者周顛人和詩,碑後刻祭四仙文、咏四仙詩,亭前對云:"四壁雲山九江桌,一亭烟雨萬壑松。"再西下爲圓佛殿,建築作圓形,聞係唐生智發起重修。再前行向山脊而上,即天池新塔,塔僅底層東西兩門可通,上不能登。再行數十步有天燈臺,臺上圓柱刻"林森達",現已倒壞。天燈臺南有斜平大巖石,鑱"照江巖"三大字,下右方有王守仁宿天池寺詩鑱一首,文云:"昨夜月明峰頂宿,阮阮雷聲在山麓。曉來却問山下人,風雨三更卷茅屋。"足見山上山下天氣之迥異矣。今汪兆銘已建亭蓋之,並將陽明餘三詩鑱於門上,餘詩云:"野人權作青山主,風雨輕暮隨意取。巖傍日脚半溪雲,山下雷聲一村雨。""老夫高卧文殊臺,柱杖夜撞青天開。撒落星辰滿平野,山僧盡道佛燈來。""天池之水近無主,木魅山妖競偷取。公然又盜巖上雲,却去人間作風雨。"

再下山崗頂即天池寺,寺已破損,大殿前有池長約二丈餘,寬七八尺,中鋪以石板,作聖廟泮池式,即天池水係,清泉四時不竭。右爲文殊臺,中掛明太祖像,西旁配掛諸字皆名人手筆,陳列亦精雅。全臺皆水門丁所建,立臺上可望長江西北諸地。再下數步爲捨身崖,崖與船峰遥遥相望,下即黑龍潭,爲北西谷衆水匯歸處。左右巖壁由澗直至峰頂,皆若刀削,水由合口處直射而下,水聲受兩壁反響,聲若雷鳴。由天池向左墾下叉路處有箭標,寫"神龍宮",聞該宮已圮,今只餘基,故箭標下有人以鉛筆大書"欲看神龍宮,就是一場空"。余即決意不往,遂由大路過橋,沿澗而上,復過二三橋,遂至黃龍潭。潭前大石鄧如琢題"痛飲黃龍",余謂"東北未復,此非時也"。路旁大石鑱有"降龍"二大字,爲明王士昌書。

由西上爲黃龍寺,寺前有柳杉二株,寺僧謂此樹名婆羅寶樹,係來西域,皆附會其說,實即柳杉,福建出產尤多,江西省立廬山林場即設於此,場前上下左右林木蔽天,皆該場所培植也。至該場,由鐘君導余略一參觀,探其歷史,謂該場始於清,後屢經沿革,其管轄所及,計面積二萬餘畝,已植樹者達四分之一,所培林場,現分三區:(1)牧馬廠,(2)東林寺,(3)圓通寺等。其東林、圓通二處須一日方能閱完,其語,余因時間不及,即上黃龍寺,適衆僧正在誦經禮佛,聲韻休揚,稍坐片時,遂由寺後向西壑回寓所焉。

五月一日　晴

廬山縱橫數十里,所記勝跡甚多,據記云五老、太乙、漢陽諸峰爲人跡所罕到,復查廬山志,極少記峰頂之景,五老、漢陽或有之,而太乙絕未之見。余素喜遊山,而遊山尤喜登絕頂,俯視衆山,方得山之真味。

余本日擬涉諸絕頂,探睨廬山真面,並擬往含鄱口農林場考究一切。早飯後向河南路過圖書館,余因喜研究其建築之壯麗,進往一閱,屋爲中式,綠瓦高棟,中爲正座,左右爲護厝,右作統所,有講臺,中、左二屋皆上下二層。視畢,遂由明禮路過含鄱路,至廬林七十二號,有小孩多人,或穿學生衣,或穿便衣,或携鋤開墾,或持書觀讀,或運動。趨近問之,皆先立正鞠躬,然後答話。於此已知爲無名學校之學生,問之果然。余入校,各生皆出敬禮,校舍清潔,各生入時皆去履,並出開水飲余。余請其引往交廬精舍見李校長一平,中一生曰"剛與友出門去"。問其該校規程,有王鶴皋出答曰:"本校無名,亦無規程,惟教者盡一教學,視學生之程度而教,學生盡'學'、'作'兩字,半學半工,獨學生自己有自治章則。"遂出示余,所訂甚嚴厲,如懲戒條例有:"見先生長者必有禮貌,犯者輕則罰跪二小時,重責二十鞭";又"同學相處必以和平恭敬,勸善規過,不可傲慢及冷言刻薄攻人隱私,犯者責二百鞭"等。余又問生數,王曰:"有百餘,共分三校,惟五乳寺一校最多。"余問諸生曰:"此地登太乙絕頂,有路可通否?"王曰:"此峰甚高,由下視之如天柱,土人名之曰犁頭尖,遊人罕到,亦無路可上。欲上須攀藤穿棘,難如登天。"中有一生出曰:"余嘗砍柴到半山,略識路徑,先生欲上,生可指其路口。"余問其姓名,爲謝楊伯,年方十四。據他生云,其父前曾爲江西省長。余遂辭出,各生均前送,皆一揖道別。

過該校旁,各生所墾之圃約數畝,遂由謝君自圃上小木林細徑上行,徑盡處即爲小樹林,余即撥小樹而上,約行五十分鐘而至山脊,視之爲峰之下屏,視峰之頂,帽尚墜云,過山格有大大小小之虎足跡,來往叠叠。余問謝生:"能同余共登絕頂否?"謝生曰:"勞苦爲吾校宗旨,今先生欲上極頂探險,生當陪上。"余佳其勇敢,遂向上前攀而行。至半山,因其峰高,氣候關係,木已不生,惟刺棘短草而已。余奮勇鼓進,手爲刺傷者數處,將及峰頂,完全爲石,錯雜直立,如佛祖之金冠然。上最高之石頂,衆山皆低,惟東望五老峰及東北之屋脊嶺,南望漢陽峰,稍與並峙,俯望鄱陽湖如披衣蓋地,湖邊沙埠作圃洼形,星子縣凸出湖邊,上下兩塔如金針插地,馬路如絲,江河如蛇。北望牯嶺,房屋星立,紅白交錯,日光直射白屋上,儼若雪景。向西北一望,長江如帶,田園似錦,鐵路如線。遠望湖北,若隱若現,均爲水蒸氣所迷濛。擲筆、九奇諸峰,應須俯視,尤奇者旁之西南峰山脊頂之石,遠視之如珠垣上之阮道然。峰下南向之石崖一落千仞,望之心爲之壯,誠壯觀也。壁下爲太乙村,山勢尤奇。太乙峰形若如來,五老立此東,漢陽樹其西,五老伸一脈向西行,漢陽分一脈向東環,儼天然之左右垣。門對星子、鄱陽,如園如池,萬千氣象,九奇峰、火焰峰擁其後,若屏若障,形勢天然,真世外之桃源也。查太乙村一名新村,開闢此村者爲嘉應古層冰、曾晚歸二君。聞其友侯子若稱廬山之勝,相約偕來,定基山陽三峽橋上,曰葛陶齋,曰寒泉館,與易實甫舊築匡山草堂遙遙相對,而買得太乙峰下地,前臨宮亭,旁挹五老,尤擅湖山之美。因於民國十一年間闢爲新村,聞風而景附者數家,康有爲詩所謂"太乙峰頭太乙村,七人築室各柴門"者是也。聞現已增至十餘家,治安方面有廬山太乙村堡壘及警察派出所常駐焉。廬山平坦之地可資闢爲新村者隨處可得,世外桃源正不用他求也。余注視太乙村甚久,即登最高之石頂,謝友則取拾石木耳,風冷氣清,精神益爽,惜遊山者多不至此,而管理者亦不開闢路徑,如此勝景,杳無人跡,誠可惜也。由東山脊下,還看峰頂,奇石磈立,如一朵盛開之牡丹插於尖口罍上。此南面奇石尤多,如獅如豹,如□如魚,難以畢舉。至山腰小格,謝君向余一揖曰:"本日託先生勇氣,問此絕頂,今先生欲往三逸鄉參觀農場,生不能陪,請先生自往,生由此歸矣。"余亦向此道謝,褒此勇敢,渠再揖而行。

　　余原擬太乙峰遊後，即往三逸鄉參觀農業分場，遂由火炎峰南崖下而過，至含鄱嶺拾級而上，到山格有息肩亭，山脊如走蛇，爲火炎峰之餘脈。脊上有亭四，問之農場工友，係張亞農爲向湖望月而建也。余問亞農歷史，據云亞農乃前副議長，十年前來此創設農場，十六年南北統一，該產充公，至去年始歸農業院管理云云。

　　嗣由該工友指途而下，即至三逸，適該場主任秦仁昌先生正在苗圃巡視，余即向其一揖，並陳述來意。秦極表歡迎，遂先引導參觀溫床花苗，計有十六床，不下數百種，大多初芽。繼觀溫室，此溫室頗特別，係起於泉上，溫室作樓式，平板用水泥，板下爲泉水流通之處，中有方式向天門二。按泉水出自土中，天愈冷，其水愈溫，冷天將門掀開，此氣上蒸，上之玻璃瓦因太陽一射，而水蒸氣益溫，此乃天然之溫室，雖冷天亦不用溫氣管也。繼觀次溫室，室之四面爲石牆，上蓋蘆草，各種子於苗矾，蓄至出芽，即取出陳於空中。繼觀各園圃，如百合等經已茂盛，或方鬆土，其不下百餘畝。該地土質肥沃，爲贛省冠，已開者（指三逸鄉一山凹）不及百分之一，未開者平薄多生蘆草，或生金竹，而兩旁多植樹苗，均爲前亞農所植，如厚朴等，經已成林。

　　各區略爲觀後，即至辦公室，而秦君係美國畢業，專門研究植物，前爲北平植物學院教授及調查員。滿室植物標本堆積如山，並將所著植物各書示余，其文皆以中西合編，說明甚詳。坐談約點餘鐘，並談及李一平之無名學校，對於該校學生墾場之花卉、蔬菜各苗皆係渠幫助云云。並云此鄉計劃三年後冀能成爲牯嶺公園。嗣出室再往中堀參觀各圃，惜時候未至，諸花正芽，若過兩月餘，花開草茂，滿地如錦，遊人到此必誤爲桃源也。視此時方三點餘，五老峰離此不遠，擬順途一造極頂，秦君即示余途徑，並送至谷口，方握手道別。並囑余回德後，學生如採有植物標本，可盡量寄來，當代爲定名，並約互通音訊，藉作研究云。

　　五老峰，峰在牯嶺東南，景冠全山，古時人跡罕至，近管理局修築海會通牯嶺之路,並於半嶺亭處闢一路以達五老峰頂。余順秦先生所指之路前行,順支徑直上,至右峰頂,有水門汀建築之亭一,額爲"待雲",係龍溪林爾嘉所捐築。"待雲"之意謂廬山晴雨無常,渠曾遊至五老峰頂,大雨滂沱,衣履盡濕,而雨後看山益見清朗,遂坐此待晴,後建此亭以爲誌念云。過是亭,於峰腰間有洞一,洞門題鐫頗多,如孫元龍題"飛石",楊鵬升題"壯觀",蔣伏生題"前古雲霄"。登中峰俯瞰,峰旁有小峰數支,或如春笋,或如寶塔,或如柱,或如杖,峰頂皆爲人跡所未到。復登第一峰,鄱陽、湖口、星子,全景瞭然,俯瞰海會,營房上瓦,或紅或灰,如氈鋪地。建築廠之穿石斬鐵鏗然振耳,相隔之路雖二十餘里,聲如出於足下數十步然。最奇者二峰隔處,壁各萬仞,中如夾巷,自下上視,即成一線,所謂一線天者即指此也。崖上古松蒼古異常,諒均數千餘年或數百年之物,高不盈尺,皆爲□人掘去,所餘者乃人跡所不能到也。山背成一凹形,土地尤沃,遠視凹中有茅屋一,菜園數丘,當局如能加以注意,必成一富美之桃源也。立峰上欲行者再,此足皆爲眼所阻,忽望太陽將行西墜,還視手錶,已六時餘矣,遂快步下山,順中正路直上,過牯嶺中正峰,經已昏黑,俯望山下,燈火萬家,與星光相映射。復拾級而下,過蓄水池,下西谷轉至旅寓,視自鳴鐘已八時餘。復計本日之途,約行七十餘里,所有考察及閱歷各處,本日可言爲最多最特色也。(本日連春成因中途[在圖書館]失路,不同往焉。)

[五月]二日　晴,陰

此次廬山之行,雖爲風景而登,實爲農場及無名學校所促成也。該校日前雖觀得一部,尚未得全貌,且未會過李一平先生。本日特擬前往一謁焉。七時出大林路,入西谷,樓屋星列,道路縱橫,清潔異常,過擲筆峰,由斜谷而下,至白雲觀。觀不大,道士數人方在誦經,觀上一石,其大如屋,石下新闢爲洞,石上坐一人蓬頭跣足,衣服襤褸,問之道人,謂係於一年前來此修道者。其人古怪,雖雪夜亦坐禪石頂,須有大雨方入洞也,至飲食或一天一次,或數天一次,皆無定,自去年來此,尚食不到兩斗米。觀旁方在建築山莊,其主係漢口人,建築商爲賴君,余問其往訪李一平先生之途徑,渠曰"余亦李之學生",遂留余午飯,飯後送余至廬口,詳告余徑,方道別再揖歸去。

過廬口,再行細察林場。過廬口橋,入罃口,忽成平地,廣約里許,中有游泳池一,設備頗周妥,惟暑期未到,尚未修飾。過木橋,入樹陰深處數十步,有石刻"交廬精舍"在焉。至其門,有小女生約八九歲,坐玻璃門內司守門並讀書,見余至即起立作揖,余即出名刺交此傳達,渠即引余至招待室坐,然後送上。李一平先生立即下樓,布衣布襪布履,望之真一鄉村農民化之導師也。李先生謂:"禮義廉恥爲吾國之四維,農工爲吾國立國之根本,近日人心不修,不顧其本,徒逐其末,以致農村破產,綱紀喪盡。以先知覺後知,爲吾人應盡之義務,所謂學費束脩實余之愧聞也。"李先生並談及前亦在機關混過生活,遍歷數省,歷經各種刺激,自九一八事件起,始決意與一老父來此,擬以先覺完人,盡一部分之義務耳。次並談及該校經費係受諸當局樂捐,學生來此只帶自己膳費,且種菜做飯皆係自己輪值,或自己膳食不計亦可由校公給。至校舍前係俄國使館,後因收回,爲諸人承購,現交余爲辦學之所耳。至此校無用名義,無一定規程,現分三處,學生最多者爲吾乳寺,代主此事者爲陶任之先生,寺旁荒地甚廣,學生方從事開墾、種植耳。談二小時方出。該舍旁爲澗,建築頗爲休雅,上有鐘樓,以水車引動,日夜鐘聲不斷。

再上有甘泉,石上記云:"此泉水重於他泉,引爲烹茶,味甚甘香。"再上過山腰有軍官兩員,隨護兵數人,監督起造莊舍,建築工程甚大,係須十餘萬耳。余近視其禁牌,上大書"工場重地,閑人免進",下書"江西保安處示"。余復細查工人,此屋爲保安處某要人所築以爲退隱之所,余謂急進勇退,乃智者所爲,某軍官能以辛苦俸餘大建山莊,亦智人也,恐如十九路軍某要人之故技也(某要人於民國七年出任要職,得以搜刮數萬金,至廬山建舍避隱。至十七年因金盡復出,在十九路軍充要職,引薦數縣長,支配各縣搜刮地皮,坐地分肥)。余見此山莊,忽追想往事,所謂"牯嶺多一處景,即民衆多流無數血汗"(按:牯嶺山莊大多爲軍閥、政客、富商、買辦等藉租界保護而來,其實莊屋之資皆刻剝民脂民膏而得來也）。余實爲民衆苦焉，余故曰："廬山景致之休雅，房屋之高爽，實有無數骨血存乎其間也。"

再行，再思入西谷上新街，鐘將四點，復拾級直上，過山格，即女兒城，又名蓮谷，現爲青年會避暑處。其屋多係青年會所建築，路旁澗邊，新鐫頗多，如"蓮谷消夏社"、"人格救國"、"四年五月七日之事"，又鐫有公約"不許有小老婆者來居此"，均甚有意味。此谷現有屋二十餘，一隅之地，道路平治，雖距市街稍遠，然鬧中取靜，居住極宜，況東望鄱陽，北瞰長江，風景極爲勝絶。上爲小天池山，左轉爲蓮池精舍，其舍爲梁和甫居士所建，建築依《阿彌陀經》內所言七寶池、八功德水、七重欄楯、七重羅網、七重行樹等所建造。向南上爲小天池泉，周砌以石，方廣及丈，其水極清洌。更上山格處爲牯嶺肺病療養院，聞係由西湖肺病療養院所分設，因此地水洌氣清過於西湖也，其院規模甚大。再南行約里許即新街，至此已七時餘又上燈矣。

五月三日　陰

七時理還長發棧房金，遂往公安局查問海會寺情形，然後由上中路過廬林，約二十餘里至雲中寺。寺後有大屋三進，建築作寺式，門上鐫"天上峰"三字，問守屋者，據説爲巨商周某所建，石板砌地，玻璃嵌窗，構造甚爲完全，費六萬多元，自築後已經數年尚未來住。余將大皮包及碎物寄其處存，然後由定蘭村前行，擬登大漢陽峰絶頂然後下山。十二時達大漢陽峰絶頂，峰高氣清，精神益暢。志云：以氣壓表實測其高一千五百四十三公尺，較五老峰高百餘公尺，實爲廬山最高之峰。其顛平曠，有臺一，臺上有天香几並爐，爲林主席森所建。臺下闢二門，可避風雨。臺東有武陵王以敏立高五尺餘之石柱，四面皆鐫字，北面爲"廬山第一主峰"，南面爲"大漢陽峰"，東西有聯語云："峰從何處飛來，歷歷漢陽，正是斷魂迷楚雨；我欲乘風歸去，茫茫禹迹，可能留命待桑田。"西離臺數十步有陳興亞鐫"廬頂"二大字，臺旁松樹盤曲奇詭，亞於五老峰石隙之古松。立臺上南瞰鄱陽，水天浩蕩，東視湖口，西盻建昌，諸山環拱，皆莫與肩，誠爲第一峰也。惟峰之周圍未見泉水，實爲缺點。觀尚未竟，忽白雲作祟，未見全貌。回至峰下，有男女十餘人在山上採摘草葉（名山豆葉），詢之，謂因米荒，採爲止飢糧食。順原路回至廬林，轉經含鄱嶺，拾級而下，回首一望，奇峰百出，任人莫捨。過觀音橋，至碼頭鎮，時已八點餘矣。

五月四日　晴

本日擬遊白鹿、海會諸勝，將各山途徑問之館東，館東皆爲細導。飯後向東北行，擬先遊白鹿洞，不一里至雙義路口，已不知去向，遂詢之搗衣女，女曰右行小路近二里，路小難行，左行須四里，係大道。余以太乙峰之險峻，且無路徑，得以登其絕頂，今小途雖少得近二里，當走小路爲妙。

過田間，入松林小徑，路益細，正踟躕間，忽見溪旁路左有石碑鐫曰"五老峰"，再視之前有白牆，余曰至矣。大門作華表式，門後有半月池，過二門至大殿，中塑孔子像，四配十二哲亦各塑以像，殿前東西廡諸賢各有神位，殿後有石刻吳道子畫孔子像一，碑已模糊。過東所各名人手筆刻碑甚多，所後以石造成圓穹形之石洞，中立石鹿一，惜雕刻手工不精。聞唐貞觀時，李渤及其兄隱此讀書，養白鹿以自娛，故後人立此以志。再東爲江西農業院分校，本年學生已他遷，只剩茂之苗木耳。院前有橋，橋邊澗旁鐫字甚多，余曾買墨拓數紙以爲紀念。

嗣由西北松林道中直上，將至海會寺，有建築之聲叮叮不絕，房屋層疊，即日前在鄱陽湖所見廬山之兵房也。將至隘門，有防禦工作頗多，即前海會受訓練習時所築也，總門書"軍人魂"三字。欲至海會寺木瓜洞等處須過營地，余先投名片，由衛兵帶往謁見留守司令，即蒙派張副官帶往參觀各處。木瓜洞等因本日雲尚遮蓋，擬不往，即於海會及營地略爲一觀。該寺爲廬山四大叢林之一，建築曲折幽雅，正所如來之殿爲萬佛集成，雕刻精雅，藏書樓書籍已無多，想貴重者已爲僧人遷往別處矣。東有一石，石下有洞，闊八九尺，深二丈餘，上鐫仙人洞三字。出海會至建築場，參觀工程處圖樣，工程浩大，現只築成四分之一，中建禮堂,正在興工,其圖樣説明可容萬人。禮堂前爲操場,左右各築守望樓。前正中門之上爲鐘樓,禮堂後數十橫廊爲辦公室、團長室、職員室等,左右橫列計百餘廊皆係爲聽訓員駐室。

　　出建築場,至土堡鎮,五老峰之雲已散,奇狀百出,似有不忍離之態。查星子瓷土離此不遠,遂順途往觀。行約里許,上小山,白礦瓷成堆,即由土中方取出之瓷礦也。瓷礦離土皮不深,採取係用開洞法,掘取挑出,多運至碼頭鎮用水車碓研,然後鑄成長磚形,其製法與德化不大出入,其土甚白,惟運往景德頗費事也。回土堡鎮,適星子汽車已壞,遂宿得勝旅社。因該旅社門對五老峰,余又擇一房,其窗向老者住焉。半夜有感,綴成數語,並記之:"吾愛五老峰,留宿土堡鎮。寓擇路之東,窗檢與峰面。坐念看五老,景象突萬變。半夜推窗望,一朵美容現。"五老峰奇石萬千,高數千仞,月夜觀之,仿如盛開芙蓉。

五月五日　晴

　　余此次由含鄱口前來白鹿洞,以爲有星九汽車可回九江,至海會始聞張保管主任云,星九汽車已壞,欲回九江,須等彭洪泰營造廠汽車,方得到九江。七時即往建築廠詢問杜經理鳳麟,渠答應須下午方有車行,因趕六月一號開學,汽車往星子運料緊急,所以九江須有採買方有車往。余以車既須下午,即將小行李寄存該處,余等即復往海會寺,經桂泉寺古跡,至木瓜洞一遊。十二時回廠,候至下午三時,該貨車始開,行至高壠,適軍校主任前往孤山買舊屋,須先送其回星子,故余等下車在該處稍候,並有同車之馬事世廣亦同在該處留候。至九時,該車未到,遂宿高壠民家。

五月六日　早陰,十點晴

　　七時同馬事等步由舊路前行,過積餘橋至楚漳關。該處作關門共三,關左右約半里處皆置有燈位,以徑三寸之鐵棒爲柱。嶺西燈下之石壁有"吳楚雄關"四字。復行約四十里,有江西省立第四鄉村師範實驗區,係本季初設,農場無甚成積。再行一里爲周村，行二里外見有叢林一片，周圍以墻，馬君曰"此濂溪墓也"，至時大門已封鎖，馬君即喚鄉人取匙。其墓係建山凹，面向廬山蓮花峰，山環水秀，誠妙景也。時適九星馬路將修築，有工人數十過此，亦同往瞻望。入其門有墓屋作二門式，中開一蓮池，上架以石橋，狀如泮池，拾級直上，有墓三，中爲周母，左即周濂溪先生，右爲正繼二老人，墓碑左右一爲《周先生讀書圖》，一爲《採蓮圖》，墓後爲《太極圖》及《圖説》并名人題咏，皆鐫以石，墓前碑題尤多。出墓門，再行十里，至十二鋪，即僱人力車回九江。下午，往陶校，再爲細詳研究。余坐南潯火車往南昌取前所定之鄉師校徽，至七時方過江。是晚住百花洲江西飯店。

五月七日　晴

七時往取校徽。八時往德西門外參觀江西陶瓷實驗所，並參觀民生工藝鐵廠。實驗所設南昌德外銅元廠，係熊主席、龔建設所長視國人瓷業泥守舊法，所以學、化、電料等瓷器均用舶來品，是以將江西工業試驗所內割一部分工廠機械，另設江西陶業試驗所，以試驗製造新式各種科學用瓷，並改良舊瓷，俾作模範。該所於二十一年八月係派省府陶業專員邵德輝兼江西陶業試驗所長，內設研究指導兩股，技士一人、技佐事務員各四人、工人十名、練習生三十名，以爲練習製造。該所設備上及工作狀況分述如下：

（1）所之設備有辦公、實驗室各一，有土廠、製瓷機廠、窯廠工人宿舍各一。廠內有十二匹馬力柴油引擎一部，製瓷轆轤五部，修坯轆轤四部，四連滾拌機一部，連續舂一部，榨泥機一部，顔料粉碎機二部，鼓形粉碎機一部，壓瓷機一部，練泥機一部，試驗窯大小二座，石膏爐一座，陶器試驗窯一座，熔陶器釉爐一座，乾燥室一間，烘模爐一座，化學儀器二百一十餘件，藥品一百四十餘種，此所内設備之情形也。

（2）工作狀況，該廠工作所製爲耐火匣鉢、電氣瓷器，並化學用瓷、陶餐具等。查所出電用之礙子電碗並耐火坩堝、蒸發皿、擂鉢染色蒸熱器、電池瓷筒水銀槽等皆合實用。聞曾經軍政部、交通部、公路處,並各大學及上海科學儀器館、中華書局等叠次購用,頗有供不應求之勢云。至民生鐵工廠出品頗多,如製瓷轆轤農具、抽水機等,皆爲近時急需。

下午往一職取鉛子,二時至牛行搭火車回九江。晚九時同春成上寧紹輪,擬往武漢參觀洋灰廠及磚瓦廠,至十一時輪始開行。

五月八日　晴

七時輪至黃石崗,見西岸有烟囪數支,其建築亦異,問之即鐵工廠也,惜輪無停,不得上岸考察。過黃州,岸上有石壁,名曰赤壁,據舟人云,東坡前後《赤壁賦》即遊此而作也。查東坡先生曾爲黃州牧,或事實也。

二時至漢口,行李安置於高陞旅社,余同連君由黃波路過漢陽,擬先往龜山鳥瞰全鎮,然後逐一遊觀。至山下,有兵前來阻止,謂山頂爲鎗械廠後山,現值戒嚴不可上,遂回。過晴川樓,其規模甚大,惟破壞不堪。旁有起重鐵架,下裝軌道,久已停開,而鐵工廠亦早已停頓,惜哉!嗣回漢口,經花街,過中山街,抵中正路,前遊中山公園。該園在漢口之北,布置頗周至,世稱文化公園。入園門,過水泥橋,橋邊有水泥塑龍二,張口伸爪,立於橋旁。上假山奇峰無數,泉水滄滄作瀑布射穿山洞。至湖亭,遊人無數,幾不容插足之勢。上假山頂,俯見平地花卉百畦,紅白交映,而太陽正欲西下,黃光映射作陣陣變化,真奇觀也。西北一角地廣千畝,正在修築。轉西隅,由池旁穿過,花影投於水中,其妙尤絕。其餘假山地洞,亭閣臺榭,不可勝記。至七時即回,往各街散步,過大街,轉民權、民生、民族、中山各路,至十二時方回寓焉。

五月九日　晴

七時同春成買輪渡過江至黃鶴樓。黃鶴樓在蛇山之首,背山面河,上石級數十,有古石塔一,高二丈餘,黃鶴樓即面塔焉。石牆門上有對聯曰:"爽氣西來,雲霧掃開天地憾;大江東去,波濤洗净古今愁。"入其門,有水門汀建築之二層樓,下層額曰"黃鶴樓",查舊樓大二倍爲木建,經已塌壞,此樓爲就基改建,登樓可望全城,雖遠如隔江之漢口、漢陽,亦瞭然在眼。相傳此樓爲費文褘駕鶴憩此,因以名樓。再上有石灰建築之湧月臺,復上爲抱膝亭,復上有禹碑亭,其字爲蝌蚪文。山頂有黃克强先生之銅像,西裝持杖,神氣偉然,任人崇敬。再過數步有古銅頂,大約二圍餘,乃古黃鶴樓上之頂也。由黃鶴樓前石塔起,至舊□頂止,一路皆花崗石或洋灰鋪地,路旁皆圍以磚墙,空處種花卉。

由此復向蛇背前行,路頗平坦,旁之什樹已將成林,樹下且有石板可坐。過警鐘樓,經南樓,該樓樓上設鼓樓小學校,余過時學生方唱國恥歌。樓下開以地洞,爲城之南北通行要衝。復由山脊前行里許,爲武漢公園閱報所。余因步行憊倦,即入館閱報,藉作休息,清風南來,幾乎忘行。再前行壹里許至青雲觀,院分五落,道士頗多,而鐘聲不斷。在觀前僱東洋車至洪山寺,該寺顏曰"寶通禪寺",寺之規模頗大,旁有七級寶塔,惜壞未修,門已封鎖不能上。塔下有白龍泉,視之略乾涸。寺後有藏經閣,爲石及洋灰所建築,黎總統及夫人之靈柩停此,旁掛挽聯甚多,並有金屬製之花圈數個,柩前掛總統及夫人遺像,瞻之任人起敬。

由閣後上山脊,珞珈山全在瞼前。再步行約六里許,即至珞珈山之武漢大學焉。該大學始於清末張之洞創設之方言學校,嗣改高師,再次變更,至十七年始成立爲國立武漢大學,二十年始建築珞珈山新校舍。該校舍散築於珞珈山之各處,其房舍皆爲水泥磚石築成,工程最大者爲總圖書館,建於山頂,樓共四層,外作宮式,內之所旁上梯皆爲水泥磨光,圖書極完備。男宿舍在圖書館前,依山而築,屋共三層,屋上與山頂平,儼一大運動場。各門樓皆五層,最上爲教員休息室。該校分四院,文理院在山陽,體育場在山凹,教職員宿舍並各院在對山,或環列山之左右,風景爲全武漢冠。金工各廠已停工,設備完全,其餘各室亦甚完備。

嗣由大學路回,兩旁林木栽植甚多。至寶通祥寺,左有田梓琴墓,墓前之苗圃,即湖北林業推廣處,極爲可觀,內柏苗最多,松、檜次之。再前爲武昌公園。

回時復登公園,至龍華寺,進其門有彌勒笑容可掬,前有聯云:"大肚能容容天下難容之事,慈顔常笑笑世間可笑之人。"因其言達理,故錄之。內有公園小學,辦理頗有精神,雖是一個古廟,却布置得井井有序。入校門,有標語曰:"想到就做,不對就改,不問新舊,只辯是非。"向西邊小門出,有學生農事實習場,菜蔬方芽,所闢劃及名牌尤秩然不亂。再上爲抱冰堂,係張文襄之洞治鄂十九年,有德政,常以抱冰自名,後陞大學士,鄂人建此以爲紀念。光復後黎總統因思提拔之恩,並利鄂之功,即以抱冰堂爲文襄祀堂,並置租以祀之。堂之斜左右處,多建有亭閣,今闢爲公園,就原有之景,再略加點綴,最美者爲原有樹木,經已成林,琴聲鳥語,咿啞可聽,林內空氣新鮮百倍,真任人留戀也。

過公園約數百步,有大馬路由蛇山鑿洞由北麓通南城,長約數十公丈,問老人,云爲民國二年黎總統所開。查蛇山橫亘武昌,如南鼓樓、粵漢鐵路並此路皆爲穿山而過。復西行,已七時餘,全市燈火或紅或綠,燦爛異常。到小飯鋪飽飯後由南鼓樓路穿過,由北城向西行,即至黃鶴樓站搭輪回漢口焉。

五月十日　晴

本日擬往漢陽參觀市面及鐵工廠並郭外鄉村情形。七時渡襄江,沿街前行,多爲工藝店,鐵工小廠數間,方在開車工作,或鑄或車,工人殷殷工作,甚可欽崇。所製皆水管頭,或織布機等機械。惟各廠甚不講究衛生,窗戶極不適當,油烟滿室,塵渣彌地,甚不宜也。行至湘鄉會館前,忽有售海洛因者,將押往刑場正法,布告云:"袁球,廣東人,前在九混成旅,因携帶海洛因,重四斤半,意欲往鄂售賣,由憲警察查獲,經報蔣委員長,準就地正法,以警後人。"噫!我國同胞,受此毒者不知若幾,今得政府嚴勵禁止,誠我同胞之幸也,袁球之處死可謂當矣。

過漢陽縣政府前達文廟,即轉北上後山,瞰觀全城,房多舊式。西望西湖,如同池沼,城墻雖卸,其地尚無可利用,惜哉!由北城後而下過一小邨,民多養猪、羊爲生,房屋皆以破板釘築而成,所有猪糞穢物停蓄溝池,且無利用其耕種,山空地廢,甚可惜也。過小邨由山北上龜山之背,向南一望,漢陽兵工廠及鐵工廠皆在南麓,工廠宏大,烟囪二十餘挺,截鐵之叮啹聲,試鎗之隆嘩聲,隆然振耳。山脊開溝道,由東直貫至西,各相當距離處,皆有地洞安置大炮。山上戒嚴,閑人皆不許登山。余等係由山旁而上,站守者未及望見,至山脊始知禁止遊人上山,余略觀大概,立即下山,轉西麓小邨,經兵工廠前,轉東行,至兵工廠工人子弟學校。該校係小學程度,為優待工人而設,辦理頗完全。再下為鐵工廠,現已停工,宏宏之烟突機器尚完全存在。過襄江,復上漢口,越小巷至民族路,再轉剪子街而回寓(寧紹)。

本早走約三十餘里,連君已不堪其苦,余稍息後,即擬往六河溝觀鐵工廠焉。上碼頭,僱東洋車沿岸直行,洋式樓房巍然可觀,且街道清潔異常,沿岸有鐵欄,欄後為人行道,禁行車馬,路闊二丈餘,路後作斜坡,栽以楓、柳等樹,每隔數丈,即以水泥平其三面及地中,置公共椅一,每椅可坐六七人。太陽西下之時,男男女女老老幼幼,均到此吃新鮮之空氣,休然樂哉!斜坡後即車路,闊十餘丈,斜坡後以水泥築墻,與馬路成直角,墻頂製固定水泥之花盆,故盆花四時不絕。公共廁所在東路中之路底下,路中作堭道而闢數十間公廁,一廁路分男女兩端而下,兩路之中作通氣通光之窗並蓋,其瓦蓋乃係玻璃為之,高出路面約五尺,所有大小便處自來水源源不停,無半點穢臭味,旁有室為看管人所住並售賣草紙,旁有浴室並置相當處洗臉、手之洋盆數個,皆有自來水,此種設備甚合衛生。全路每隔約二百餘步即有一個,均為二十三年市政府所建設。

沿岸約走十餘里,有九一八公園。所有亭臺皆用東四省各名之,任人追念,無時或忘,且有二百餘磅之炸彈高掛架上,尤使吾輩興奮。再下約二里許,人力車過鐵軌,其車忽壞,下車給資,問之市人,至六河溝尚有八九里,邨人云"須僱小划子方可達到",遂至江邊,擬僱小划子。有漁翁方張網捕魚,視其魚篰,一無所有,問之則云:"近因水退,已十餘日不獲一魚。"余問其最好每天可得幾多,渠云:"不過一吊多錢至二吊耳(漢口一帶用二十文之鐳,每五十枚稱一吊,每一大洋可換三百二十枚)。"余問其如此無定生活,殊屬危險,何不易業?渠云:"自幼既習此業,似亦無他業可易。"余視時錶已四時餘,渠云:"至六河溝鐵廠往來須六七個鐘頭。"余憶寧紹輪係本晚八時開行,行李既搬上輪,若往必來不及,遂決定不往,擬僱小划子回。遠望江邊已有小划子來,即問其到寧紹碼頭若干錢,渠云:"好好,爾下來不打緊,不把錢亦不要緊。"余復叮問,他總不講。漁者云:"小划子可不要多錢,不過二百錢耳。"余即上舟,約行數丈,渠云:"我划子只到飛機場,不到寧紹碼頭,到飛機場須有二千錢,到寧紹須四千錢。"余至此始知舟子不是個好人,行約一里許,舟子曰:"到矣,須給到二千錢。"余不聲,視前有站警,余意此舟子如此狡詐,二千錢雖是小錢,給之不宜,須到警處,方可與他理論。余謂:"身中只存大洋,須到前站換錢,請你多駛幾步。"到警處余即上,將此情告之警士,經警士將舟子大行訓誡一回,後給以二百錢,舟子尚喃喃不休。噫!世之受此輩欺詐者,不知幾何也。

過江邊時有捕魚仔者,以麻布張於長約一丈二尺二木之上,二木作三角形,末端作三十度角形,角端通麻布製之圓管,徑約二寸,長二尺,圓管端作長一尺二寸闊八寸之方形魚城,布僅五面,向天之面爲空,另作大約一倍之木架,魚城各角以繩結於木架,故入水能浮於水上,三角形木頭向水來處,魚城放於水去處,而魚仔隨水由上而下,皆由圓管流入魚城,魚城放點餌食,而魚得食則均趨之於城內,取之是爲魚仔(即草魚仔)。七時至輪,諸行裝稍拼擋後而鳴,嗚一聲,視之已離去碼頭,而向東北行矣。

五月十一日　晴

十時輪至九江,春成往搬行李,余到陶校向舒校長辭行,並接洽王、胡二教員事,然後同毅到中華藥房搬取行李上輪,與諸送行各行道別。輪行時忽見岸旁有鐵鍋二,半沉水中,問之輪人,謂:"此二鍋很有可紀念處。於十六年孫傳芳拒黨軍泊輪於此,其輪滿載子彈,並有兵一團,黨軍買人假作小販,往輪放火,輪一起火,人皆手足無措,輪機擬欲開駛向下逃避,至此處火力已甚猛,機遂不能行,全輪逃出者只七人耳,餘者均葬於此。現餘料已被人拾去,或沉水中,今所存者二鐵鍋耳。"慘哉斯役！鐵鍋直可代表人衆之骸髏也。離潯陽，過湖口，經彭澤小孤山，其宏偉美妙有任人目不暇接。過小孤，天色漸晚，遂倚裝志之。

五月十二日　早雨，八時晴

前日上午遊漢陽，下午遊九一八花園並江岸，約走六七十里，足頗疲倦，雖經一日之休息，尚覺困倦，一夜來益覺好睡。天尚未明，雷雨大作，至八時方放晴。九時過撫湖，十二時半抵下關，春成由輪直往上海，余即僱車至神洲飯店，擬重遊首都各名勝，並參觀各實業工廠及生產教育。將行李安頓清楚，立即乘遊陵之公共汽車，擬重遊中山陵及中央公共體育場等。本日爲星期日，遊陵者益覺擁擠，座內不特無位可坐，幾乎無立足之地。至靈谷路口，即徒步進谷寺路，轉入將士陣亡公墓。

將士陣亡公墓，係靈谷寺舊址，二十二年余到時方開始建築，現工程將行告竣，今昔之異已天淵矣。首爲正門，仿古代建築，上蓋綠色琉璃瓦，下闢拱門三，兩旁設守衛室各一間，左右築圍墻，左右兩端另闢偏門各一以通車馬。自正門循甬道直進以達牌坊，約四百餘尺。牌坊凡五楹，上鋪綠色琉璃瓦，柱樑均用鋼骨水泥建築，其座基外面鑲以花崗石，平臺及前後臺級則用青石。更上爲祭堂，即原有之無量殿改之。殿凡五楹，聞廣有十四丈，高有六丈餘，全部以磚砌成，故俗名無樑殿，雖經六百餘年之久，內外墻壁十九尚完，且因構造獨異，故擬保存，而更改爲祭堂。殿內有花圈三個，中嵌國民革命軍陣亡將士之靈位，左右各嵌一碑，刻北伐誓師詞及祭文各一篇，內部四壁嵌石碑刻北伐、抗日、"剿匪"諸役之陣亡將士姓名、階級永誌紀念。祭堂以北有公墓三，第一公墓周圍聞面積有八萬三千四百方尺，內闢蜘網式小路，分列墓穴壹千左右，皆建立墓碑。第二、第三公墓聞面積各有五萬九千九百方尺，其形式同第一公墓，雖已工竣，尚俟布置。再上有紀念館，凡九楹，上下兩層，全部以鋼骨水泥構造，上鋪綠色琉璃瓦，外有迴廊，內部採仿走馬樓式，樓上下遍設架櫃，用以陳列革命先烈之遺物、著作、相片、器械等件，現尚在徵集中。最後爲紀念塔，係用寶志公塔舊址，塔式八角，全部以鋼骨水泥建築。塔分九層，每層以綠色琉璃瓦爲披檐，外有走廊，圍以石欄，塔之中部建螺旋式扶梯直貫九層，每層八門，間以石碑四方，鑴刻孫總理《黃埔軍校開學詞》、《北上時之告別詞》及蔣介石先生《黃埔軍校同學錄序》。下設八角式大平臺爲塔基，周圍石欄，四面分闢石級，以便登臨，全塔之高聞有二百英尺。向東行爲譚墓，即國民政府行政院長譚延闓之葬處也，布置有墓穴、祭堂、墓道、碑亭、牌坊等，得幽深曲折之趣。故人云："總理陵墓建築得陽剛之美，譚墓構造得陰柔之美。"全部工程可分五部：

（1）龍池：由公墓經靈谷寺東行路南爲龍池，路北爲墓碑，池沿圍以石欄，池中鑲龍頭二，一出水，一入水，有泉源終歲不竭。碑後石牌坊一，乃白石所製。

（2）廣場：入牌坊經深長之墓道，越橋達廣場，道沿溪流，二旁樹木蒙密，春綠秋紅，益覺艷美。場中有橢圓形花臺以便轉車之用，場之東北有大牌坊爲荷葉清白石所建，西北有白石大碑，聞均北平古物改製。廣場上山坡樹國葬命令碑，四周之路鋪雨花臺石子，其花木布做尤可觀。

（3）祭堂：在廣場之上，爲三檻宮殿式，由地基至屋脊皆以水泥鋼骨建成，屋頂覆北平琉璃瓦，全頂中黑綠緣頗雅麗。堂內天花、墻壁、椽檐皆貼金粉，其繪畫尤華麗輝煌。祭堂正中立大理石圍屏，前供譚公遺像，堂中陳列安葬時購贈紀念物，琳瑯滿目。地板及下墻鑲黑白相間之雲石，堂前平臺均石砌，階下墓道，左上入墓，右下達廣場。

（4）寶頂：循祭堂東北上，經大理石砌之牡丹臺，轉向北越水池，譚公墓全部呈露目前。墓爲圓形，高約十尺，徑約三丈，周爲平臺。墓前祭臺爲圓明園古物，聞說爲法國所貢。臺下階陛鑴九福花紋，因譚公以九福名堂，階下石獅、華表樹立於花木綠草中，聞皆北平古物。左右方亭爲行政院及國民政府文官參軍主計三處捐建。環墓蒼松翠柏，風景如畫。

（5）墓園：譚墓藉紫金山原有森林，建築完成即清秀可觀，且由龍池而上，溪流蜿蜒，至廣場橋口，又有左右二溝之水瀉注如銀。溝西墓園爲浙江省政府捐款二萬元所建，有虹橋、臨瀑閣、水心亭、香竹芳紀念亭諸勝，沿溪之堆石及枯樹爲欄之橋尤饒別趣。園之東南部有別墅一所，爲守墓之廬。出譚墓向前行，爲中央體育場。

中央體育場係爲二十二年全國運動大會所建，開始籌設於十九年，位處靈谷寺前盆地，全場各部依地勢之高下，及事實上之適合與便利而分配，全場分爲田徑賽場、游泳池、棒球場、籃球場、國術場、網球場七部①。各場皆有看臺，總共可容觀衆六萬餘人。田徑賽場位於各場之東，爲橢圓形，其西北爲游泳池，棒球場在池之北爲扇形，籃球場爲長方形，國術場爲八角形。全場主要爲田徑賽場，內備有五百米跑圈、二百米直跑道、跳高場、撐竿跳高場、跳遠場、三級跳遠場。籃球場、排球場、足球場、網球場、棒球場，以上均備各項運動決賽時之用。田徑賽場之四周爲鋼筋混凝土構造之看臺，東、西、南三面之臺下有辦公室及運動員宿舍等，其宿舍可容二千七百人。看臺東、西二面之中部爲出入大門，西首大門上層爲司令臺，上蓋天篷，東大門上層爲特別看臺，亦蓋天篷，餘之看臺均露天，全臺可容觀衆三萬五千人。西大門前有停車場，東西大道直通靈谷路。

游泳池：池之北部爲一中國式之大廈，內有更衣、盥洗、機器、鍋爐等室，池寬六十尺，長一百五十八尺，南淺北深，最深處有八尺，東、西、南看臺可容觀衆四千人，其水係積蓄之山水並自流井之水，經濾水機濾過始通入，並可循環吸送。

跳馬場：位於游泳池之西，爲橢圓形，土地平廣，跳道略高起，長一英里，寬三十尺，四周圍以木欄，場中闢足球場二及木看臺一排。

查全場建築暨道路器具等共費壹百三十八萬餘元，各種布景正在進行。各場附近隙地作庭園之布置，現種植有花木五萬餘株，各場內外隙地及各看臺邊多鋪草地，尤爲美觀。

五月十三日　晴

本日擬參觀古物保存所及遺族學校，並國術體育專校及陵墓等。早由國民政府前步行至古物館,因本日拜一例假,室內均下鎖,即將室外石碑等略一考閱,嗣即至遺族學校。

遺族學校校址在四方城前,鍾湯路北高崗上,校舍建築甚樸實且實用,多平房,採中國式。現校長爲蔣中正先生。校務主任爲張效良,代負完全職責。本校宗旨係體念陣亡將士遺族,缺乏教養,增設校栽培,藉慰忠魂,而撫遺孤。籌備開始於十七年十一月,二十年終校舍全部落成,其招生係開始於十八年四月。組織:該校組織設總務、教導、養育三處,分掌校務。學級分農業中學、小學二部。教導處,中學部設教導、研究、場務、推廣四科,小學部設教導、研究二科。近復添辦女子部。養育處設保健、保育、舍務三科,所有衣、食、住完全由校供給,其設施完全與普通學校不同,與其他之職業學校迥然差異。該校即各生之家庭,各教職員不特爲各生之師長,亦兼各生之家長焉。

編製:學級編製小學部現分高、低二階段,各級學生人數不多時暫併成合級,用複式教學。現有一年、二年複式一級,三、四、五、六年各上下學期單式計八級,具有一、二、三學年級程度者成低年組一階段,具有四、五、六年級程度者成高年組一階段,各級符號科——讀文作文,算術——採用能力分組辦法,分成若干組教學,在學業測驗後,各組得調動升降,並打通各級界限。農業中學部現分初、中、高三階段,各級均用單式教學,現有一、二、三、四、五年五級,具有一、二年級程度者成初級組一階段,具有三、四年級程度者成中級組一階段,具有五、六年級程度者成高級組一階段。教育概況:遺族學生大都來自田間,而當今教育尤以力求三民主義實現爲宗旨,爰根據總理遺訓於讀書、識字、學詞、智識以外,注重雙手之訓練,"力求實用"爲學校教育之目標,故小學高級特別注意於職業陶冶,中學開始即注重於應用學科之訓練,復觀察時代之需要,與夫急求民生主義之實現。先設農科以期人人均得自食其力,更以學生之父兄輩,悉爲主義而奮鬥,爲黨國而犧牲,故對於黨的歷史、黨的政策特別指導其研究。茲探考其教導、養育分述如下:

(A)教導:小學低級兒童之生活率爲整個的,故就其日常活動情形,分爲故事、研究、作業、遊戲四種,採用大單元之學習,以直觀與遊戲爲教育之方,更視其能力之差異,而隨時升降。至教學時間各依其性質而有二十分、三十分、四十分數種。高組教學方法以做學教中心問題爲出發點,力謀各科之聯絡,國文、算術兩科以能力分組,在同一時間學習,以便升降。至於課程與教育部新頒之暫行標準無甚出入,惟高組特設職業性之科目多種,以期個性之適應而樹自立之基礎。

中學教學目標,根據學生興趣能力定有三種:(1)養成實地經營農業人才;(2)養成農村指導和農業推廣人才;(3)養成農業改良的技術人才。實質方面使教材與教學目標務相符合,每次上課及實習材料分量之支配,務求適當。形式方面予學生以自動學習之機會,更視學科之性質,提出問題,研究討論,而尤重課前之預習(製有各科預習簿),以增加教學之效率。教學上應行討論事項,則有各學科研究會隨時開會研究,以期教育之改進。

學生全部生活皆在學校,故所負訓導責任至爲重大,係根據三民主義教育之精神及總理親愛精神之遺訓,由蔣校長選爲校訓,確定訓育目標爲"精神革命化"、"思想科學化"、"體魄軍人化"、"行爲紀律化"、"生活勞動化"、"興趣藝術化"、"組織社會化"、"學校家庭化"。訓導目標既經確定,則欲圖目標之實現,非有適當之方法和一定可以遂行之原則不可,故定有信條十則,以共守之。至於實施方法:一、採用訓導制;二、組織生活團;三、施以常規訓練;四、舉行儀式集合;五、舉行操行考查。

(B)養育:學生終年在校,故學校爲一大家庭,有此特殊情形,不得不有特殊組織——養育處——以處理學生衣、食、住及其他一切生活。如規定每一寢室,均由訓導負指導之責,隨時注意其起居寒暖。製就四季衣服鞋襪,供其穿著;潔治富於滋養之膳食,供其飲食;置備被褥枕蓆,供其睡眠。此外,如衣之更換洗濯,食之清潔檢查,時時注意指導。又學生既以學校爲家庭,難免疾病發生,或打預防針,或有病爲之治療,年幼學生能力薄弱,特設保育員若干人,專負保育之責。其他如理髮則有理髮室,沐浴則有浴室,凡關於生活方面,一切瑣事,均予以指導或扶助。

　　學生出路:遺族學生之出路,爲一極重大問題。遣令回家,則所習恐難以應用,升學則學費難以供給,介紹職業,則不能得許多位置。惟有畢業以後,由學校予以經營生產機會,每人擔任一種生產工作,即由學校擇農工業中有關國際貿易,而爲國民日用所必需,及學校經濟、學生能力所及者陸續舉辦,指導畢業學生經營,並爲集中力量,嚴密組織計,組織遺族生產合作社,擔任農工生產,計分三部:一、農產部(農藝作物、農產製造);二、畜產部(乳牛、雞子);三、園藝部(果樹、蔬菜、花木)。聞現在農田規模尚小,將來得到大面積之農場,用新式農具經營,同時製造農產。又在大都市之郊野,設乳牛場及花木蔬菜場。又廣東、山東設果木園,繁殖大宗橘子及蘋果,以抵制舶來品。在南京設園藝場,注意百合及球根之繁殖。將來遺族學生畢業以後,人人有經營生產機會,人人可以擔任一種生產工作,小之全一己之生活,謀一家之幸福,大之助學校之經費,充國家之實力。學校更擬爲該生擇適當地點,設立新村,俾資生聚焉。

　　其他如學生入學手續頗爲嚴格,凡有遺族子弟報表後,須經嚴密審查,年齡規定在六歲至十六歲,陣亡軍人一人而其子女多至數人者限收二人。又既有親生子女,則其弟妹不能入學,至對學業或品行、身體有一部不合者則隨時令其退學或停學云。

　　午飯後由張代校長效良引導參觀中央國術館體育專科學校,並晉謁總理陵墓及明孝陵暨各花園,略記如下:

　　中央國術館專科:校址在中央體育場之東南,由張之江先生等創辦,以養成軍隊教官、中等以上學校教員及公共體育場指導員爲目的。入學以高中畢業或專科學校畢業者,或體育專科或軍事專門學校畢業者爲合格。抵校後由教務主任□忠國出接待,介紹參觀一切。查其畢業年限定爲三年,學習分學科、術科兩種,學科如公民國文、國術概論、國術史教育概論及心理體育史、體育行政及管理、體育設備與建築、民間體育學、教練及裁判、運動心理學、體育新聞記載、解剖及生理學、診斷學、疾病防禦法、保健學、個人及公衆衛生、人體檢驗學、急救法、英文、社會學、統計學、禮樂、軍事學摘要、演講記錄等。至於術科，有腿法、拳法、刀槍劍棍、摔跤搏擊、擊劍、劈刺、柔軟體操、器械體操、田徑賽及全能運動、籃球、足球、排球、壘球、網球、游泳及救生、近代體育術、遊戲舞蹈、軍事訓練、童子軍等。其校舍有平房六十餘間，三層樓房四十餘間，所有術科器具皆完備。該校處陵園之東南隅，後以陵園之景爲校景，且附近中央體育場，種種特別場所，亦可借用，誠完美也。午後課餘學生多在操場摔跤，精神勃勃，誠健兒也。

總理陵墓：墓在紫金山之南坡，左鄰明孝陵，右毗靈谷寺，自墓道口上達墓室，平面距離約二千三百尺，高低相差約二百四十尺，故自下仰望，極爲崇高。全部建築係採用呂彥直建築師之圖案，融合中國古代與西方建築之精神，莊嚴簡樸。自大路端上石階，經大石牌坊，過壹千四百餘尺之水泥地墓道，達陵門，越碑亭，上石階凡二百九十級，達祭堂平臺。祭堂位於平臺之上部，墓室在祭室之後。茲將各部情形分記如下：

墓前廣場：由谷寺向西行即至廣場，係爲停放車馬之用。場間有花臺六座，中四座各植雪松二株，旁邊二座種大黃楊各一。場南有寶鼎一，係戴季陶與中山大學同學捐建，鼎爲紫銅，重萬斤，高十四尺，聞係金陵兵工廠翻沙鑄造，價一萬三千元。鼎置於石臺上，臺爲八角，共分三層，每層皆圍以蘇石欄杆，全臺造價聞共二萬餘元云。

陵口牌樓：由廣場向墓陵上，有三門牌樓一座，高三丈餘，寬五丈餘，爲福州石所建，中門之橫楣鐫總理手書"博愛"二字。入牌樓則爲墓道，分闢爲三，聞共長一千四百五十尺，闊一百三十尺。中爲鋼骨水泥路，路外草地，植松、柏各二行，計二百餘株，左右二道寬十五尺，爲石子路，上澆柏油，外植銀杏一行，由此直進即至陵門。

陵門：門上掛"天下爲公"額，聞其高有五丈，闊有八丈，深約三丈，爲三拱形門，全部以石建，頂用琉璃瓦。陵門外左右有半環之擁壁，與陵墓之圍墙相連，門前有混凝土地廣場，左右兩旁各建衛士室一所，內有衛生設備，入陵門即爲碑亭。

碑亭：亭之形式與祭堂相仿佛，高約五丈餘，闊四丈餘，全部石建，頂用琉璃瓦，中立黨碑，高二丈餘，上勒"中華民國十八年六月一日，中國國民黨葬總理孫先生於此"。入碑亭即上石階。

石階：由碑亭直上至平臺，有石階八段，共二百九十級，均採用蘇州花崗石。最上三段石階旁置石欄，中部并建築圍欄，欄中地位用以設置盆景，或紀念物。全部石級兩旁，築成斜坡，鋪大草坪，東西各約十五畝，坡之上部分植松、柏四行，楓樹一行，石楠三行，楓樹一行，海桐三行。坡之四周建大圍牆，沿圍墙內種白皮松，圍墙外建虎皮石護坡。

平臺：石階上即大平臺，臺長四百餘尺，闊百尺，分左右兩方，北部及左右均爲花崗石。擁壁前爲石欄，臺之周圍鋪草地，草地內周爲蘇石步路。左右平臺各鋪草，中間勻植雪松各四株，擁壁下勻植龍柏四十餘株，臺之南端草地列植盤槐八株。臺之中央分立華表二座，用福州石建成，高約四丈，直徑上約三尺下六尺，柱身刻古式花紋。平臺前石階邊置十尺高石座二，上置古銅鼎各一，係總理家屬所建，鐫有家屬名字。

祭堂：堂在平臺之北中，聞高有八十六尺，長九十尺，廣七十四尺。堂之外部全用香港石砌成，頂爲藍色琉璃瓦。檐下各築石拱斗飛檐二層。堂門凡三，門圈拱形，用香港石砌成，上刻花紋，各門設鏤花空格之紫銅門二扇，門楣上分刻"民族"、"民權"、"民生"之陽篆，"民生"門上嵌總理手書"天地正氣"直額。堂四隅各建堡壘式之方屋，備庋藏紀念物品及謁祭人員休息之用。入門時應將手提物件安放外面，由陵警指導簽名脫帽，然後入門仰觀，堂之中間供總理全身石像，高十五尺，底邊闊七尺，四面鐫總理革命故事像，前供鮮花等事。堂中左右前後有直徑二尺餘之青島黑石柱八根，尚有四根隱藏，下皆以大理石盤礅承之。堂頂作斗形，其上施以雕刻鑲花砌磁磚。鋪地全用白色大理石。四壁之上半部純用人造石粉飾，下半部均用黑色大理石爲護壁，上分刻總理手書《建國大綱》，蔣中正及胡漢民所書《總理遺訓》、《遺囑》及譚延闓手錄之《總理告誡黨員演說詞》。左右護壁上有紫銅窗各八，休息室有窗各一以通光線。祭堂之後即爲墓室,總理靈柩在焉。

墓室:墓室開放有定日,每年只開六日,其餘須大使或要員謁陵方得開放。由外面觀之如覆釜,查其內容直徑五十四尺,高三十三尺,外部以香港石鋪面,中部爲鋼骨混凝土。自室內觀之,圓頂作穹窿狀,飾以砌磁之黨徽。四壁爲妃色人造石,鋪地爲大理石,室之中央爲大理石。壙直徑十三尺,圍以大理石欄杆高二尺九寸。壙之中央設長方形之墓穴,爲總理靈櫬奉安之所,墓穴上覆以總理大理石像,室中之通風採光及隔潮等裝置均極周備。墓室之門凡二重,內設機關門,上刻"孫中山先生之墓"七字,外二扇門係銅製,門外以黑大理石砌成,外框上有橫楣刻總理手書"浩氣長存"額。平臺兩側有側門可通墓後,其狀爲半圈形,分高下二重:第一重爲水泥步道,闊十五尺;第二重由東隅石階上爲草地,內外植廣玉蘭及法國冬青各一匝,中間散植梅樹。墓後圍墻高八尺餘,出平臺西望首都,東望體育場、孝陵衛等,如錦如圖。俯望陵前各紀念建築,尤覺生色焉。余同張先生等遂拾級而下,擬一一往觀之。出陵門,向東行,即先至光化亭。

光化亭:在陵東小東山上,聞係集合總理奉安時華僑贈賻款項建築。亭爲八角形,亭下有平臺兩層:下層平臺對邊距六十餘尺,高五尺,臺邊築斜坡植草皮以接地面;上層平臺對邊距三十八尺,四周圍以石欄杆。亭內地面復高出平臺一尺,平臺四周築有石階。石亭高四十餘尺,對邊寬三十尺,亭柱十二根,圓形直徑爲二十尺,所有屋脊、屋面、檐椽、兒斗、梁柱、雀題、藻井等全用大石雕塑而成,花紋至細,刻工至巨,爲陵園最精之工程,全部皆福建花崗石構成。凡謁陵者至墓道頭,即可見該亭之頂現露於蒼松間,其建築包價聞爲六萬五千元云。

音樂臺:臺在陵墓廣場前寶鼎之東,爲美國三藩市華僑與遼寧省黨部合資捐建,聞建價爲九萬五千元。全部建築純爲鋼筋混凝土所結構,其平面圖爲半圓形,圓中心處爲臺,廣六十餘尺,寬四十尺,高十尺。臺後建大壁,以彙集音浪,壁寬五十尺,高三十餘尺,用水泥假石鑲面。壁頂端刻迴龍花紋,下有石塑獸頭三,內導水管,水由獸口噴出,直下壁底之水槽中。臺前邊緣作波紋形,築成層階,內實土以栽花木。臺之兩翼築有平臺,臺上豎鋼筋混凝土作成之花棚,臺下闢室,隔爲休息、盥洗、儲藏等之用,臺前爲聽衆集坐之處。其地勢原作盆形,就原址加以整理,築成百分之二斜坡之半圓形草坪一大片,圓半徑爲一百七十尺,可容三千人。草坪間隔有六尺寬之混凝土走道。半圓形之外緣地勢較高,在邊緣上築有十八尺闊之混凝土走道一周,長四百五十尺,上架花棚,寬十尺,所有支柱、橫樑、桁條等俱用鋼筋混凝土爲之。有四尺見方之大花盆,盆中栽花草,沿柱土中植紫藤,藤枝扶柱而上,攀繞全棚,棚上安裝電炬,棚下置石橙可坐憩。臺前鑿有彎月形之荷花池,半徑約四丈。底原有伏泉,終年不涸。

仰止亭：亭建於陵東二道溝北之梅嶺之上。其地林木茂盛,風景幽靜,嶺下左右溪流,匯注成塘,塘中植荷,環嶺植梅,間以青松,葉遐庵先生擇此捐建。聞整地、植梅費爲一千元,築亭費四千元。亭爲方形,亭內爲磨石子地面,亭邊階石用蘇州金山石鑲砌,屋面蓋藍色琉璃瓦,亭之柱樑、欄杆、雀題、檐椽、藻井等俱用鋼筋混凝土爲之,外著色施以彩畫,甚爲雅麗。

流徽榭：聞係中央陸軍軍官學校所捐建,在靈谷寺路之南。紫金山東之茅山麓有港二道,凡陵墓東、靈谷寺西一帶山坡之水皆流合於此,至路南遂合爲一,其地名二道,構陵園於此,築壩蓄水,成一小湖,約有二十餘畝,環湖植垂柳、碧桃、石榴等。湖中有一長方形亭,一邊傍陸有石階達岸上,即流徽榭也。廣約四十餘尺,寬約三十餘尺,四周圍以水泥石欄杆,所有地板、樑柱、欄杆、屋架、檐椽等俱用鋼筋混凝土,外加白漆藍紋,地鑲紅色八角形小瓷磚,屋面蓋淡黃色琉璃瓦,極爲樸素。

桂林石屋：陵墓與靈谷寺之間高阜上有屋一,旁植桂花,曰桂林石屋,聞係廣州市政府捐款所建。屋計兩層,中隔有陽臺,四周牆壁俱用青龍山石條石板叠砌而成。屋面蓋紅瓦,陽臺上之一部屋面改築水泥,平臺外圍石欄,可以蓄聚屋面雨水。屋後築有虎皮石砌大明溝,防阻山水之侵擊。屋前砌石階約二百級,直達大路。其造價聞約二萬元云。

行健亭：由石屋下靈谷路,向陵前轉西,當陵墓大路與明陵路轉角處有亭,即行健亭,係爲遊人駐足。亭爲方形,亭内地面用水泥方磚鑲砌,亭角支柱四根,四角共十六根,柱樑及上層窗格等俱用鋼筋混凝土砌成,外施油漆並彩畫,椽用方木,屋面蓋藍色琉璃瓦,亭四周安有水泥石花欄杆可供坐憩。於此向東北一望,有屋燦然,屋内、屋外皆植花木,即温室也。余平生浩愛花卉,擬即先往一飽眼福,然後遊謁明孝陵。

温室:温室有二,一爲漢口總商會所捐建,聞建築費共約三萬餘元,占地約三十英方餘,計分七室。中央一室較高,爲培養高大熱帶植物之用。其兩翼各分爲三室,内設花架,爲培植各種熱帶植物及盆栽花卉之用。鍋爐室位温室之後,設於地下,其全部結構除底脚側壁花架外,餘均用鋼鐵玻璃,均二分之厚者,構造極爲堅固。加温裝置採熱水循環式,在冬季最寒冷時,室温可保持華氏五十餘度。此外,四周及屋面窗户均裝有齒輪開閉器,可以自由開閉調節温度及空氣之流通。一爲汪精衛、陳公博等先生所捐建,造價約壹萬四千餘元,面積約亦爲二十英方,計分三室。後部一室高而寬,爲供白蘭、茶花等高大花木越冬之用。前部左、右二室低而長,其兩側均設栽植床,花卉可直接栽植其内,充冬季培養各種時花及蔬菜之用。中央一部設栽植床,一部設花架及繁殖箱,俾便冬季之繁殖。此温室之構造,亦全部用鋼架及厚玻璃,加温亦採熱水式裝二英寸放熱鐵管,冬季可保温至五十五度左右,四周及屋頂窗户亦附開閉裝置,可自由啓閉。以上兩温室,前者供培養盆花爲主,後者專爲切花培養、蔬菜栽培及繁殖之用。温室之附屬建設有蔭棚兩座,約二千餘方,水泥温床八只,木造温床八只,及貯藏室並職員、工人宿舍十餘間。室東建有水泥柱紫藤架一座,長約二十餘丈。温室前有圓水泥噴水池一。時值春暮,什花方開,進其間,任人目不暇接,精神尤暢。出温室,即擬往觀明孝陵焉。

明孝陵:由温室先至神道前下馬坊,有神烈山碑。西北數百步,有大金門三道,門内爲神功聖德碑。碑下神道有大石橋,橋北有石獸六種,首爲獅,次獬豸、駱駝、象、麒麟、馬,每種有四,皆兩立兩蹲,東西相向;石柱二,白如玉,雕雲龍紋;石人八,高可四五丈,四介冑執金吾,四朝冠秉笏。神道北爲欞星門三,僅存舊跡。再北有石橋五孔，越百步有文武方門五，東西有二井。又北爲大殿，中門內有神帛爐，左右各一，左右廡三十，門外左宰牲亭，右具服殿，中爲孝陵享殿，凡十楹，中懸明太祖像。殿北有周垣繚道，又北爲大石橋，踰橋爲祭臺，即明樓，由墜道拾級而上，分左右折，歷階上，南折爲明樓，據墜道之上；北折爲寶城，明太祖馬皇后之幽宮也。四十妃嬪祔，懿文太子標祔葬陵東。明時孝陵爲禁地，陵內畜鹿千頭，項懸金牌，往來林木間，鹿苑之制，隨明而俱亡。迨清經洪、楊之亂，碑亭殘闕，大殿摧毁，惟陵前石人、石獸歷時數百年今尚完好。陵內之房屋如碑亭、享殿、石橋等係民國十八年重修，時因舉行總理奉安，並築路種樹，陵內布置古色蒼茫，紅墻綠樹，甚爲壯觀。鍾山之陰功臣陪葬者聞有徐達、常遇春、李文忠、湯和、吳良、吳禎、顧時、吳復、陳遇、呂本、王志、楊璟、孫興祖、梅思祖諸人，率皆墓地陵夷，碑文漫漶，惟徐達、李文忠兩墓至今巍然完好，蓋有後裔修祀之故也。明孝陵內大殿前後，種植盆花，爲陵中加一點綴。陵墓頂爲土山作穹窿形，槐、柏各樹經已成林，陵墓外磚垣尚見完好。出陵門東折，即紫霞洞焉。

紫霞洞：由明孝陵向東北直上，車馬皆可通行，將至時有停車場，復步行數十步，有紫霞、説法二洞。紫霞洞旁有懸瀑，銀濤倒瀉，直注方池，上有懸鐘，以天然之水轉動水車，使之擊鐘，故終年鐘聲不絶。舊爲道院，今修葺爲遊人休息之所，內中布置頗周妥，紅墻顯露於松林叢翠中，恍若紫霞。今更於其地植楓樹、紫薇、紫荆、碧桃、梅花、杜鵑、石榴等，紅花綠葉，掩映巖壑。又其地石頗嶙峋，於石隙多植適宜花木，當爲陵園中特著風景。雨後觀瀑尤多奇趣，以天然景論，可謂全山冠。

六時回城，飯後在中正路各書局略買圖籍數本。十時回睡，豫養精神以爲明日參觀曉莊焉。

五月十四日　晴

曉莊鄉師早被政府標封，余此次到京，腦中却無曉莊之念，昨日在遺族學校得訓育主任雯登兄云："曉莊已復辦小學,有參觀必要。"又憶民十一年余任大田縣長時,本爲薩省長鎮冰委任,嗣薩辭職,林主席森繼任省長,余受其加委,曾經數次會面。此次林既任主席,余到京理應往拜候,誠恐國事紛繁,無暇應接,且余前來參觀,與主席亦無所關係,原擬不往拜謁,昨得張主任效良云："林主席對於陶瓷非常注意,應往拜謁。"故余本日之參觀進行表遂排定:(1)拜謁林主席,(2)參觀曉莊,(3)參觀和平門外磚瓦廠,(4)南京第一託兒所,(5)棲霞鄉師。

往謁林主席。七時早飯後,即僱人力車向成賢街前進,至石板橋五十一號,有警士站立巷門,余即投名刺並説來意,警士即引入公館應接室。此屋臨石板橋街,係一小洋式樓房,内中布置不陋不奢,國産之古瓷頗多。余將此次來因及德瓷之情形並歷史進談,多蒙指導,約數分鐘,余意其往府時間已到,不敢久坐,即辭出,再僱人力車直往曉莊。

行數十步至一小巷,適兩車來往相值,正欲擠過,背後忽一人騎馬至,馬遂向二車之頭上跳過,余方慶二車之幸,豈知馬至巷口遂轉右路,適將至巷口之行人不及避,被其蹋死,余車隨後過,視其人血湧如泉,惟口尚能開合,而乘馬者已揚鞭遠去,斯人之命已無從索究矣,冤哉!出和平門,過鐵路天橋,向磚瓦廠路直進,約十餘里,即望見新式平民化之房屋,路口有一牌門式橫書"中國國民黨中央政治學校附設蒙藏學校",余時有所懷疑,以爲曉莊學校尚未到,此又是另一特別學校。余意黨國既特爲邊疆毓才,必有特别可觀,余即先到附屬小學校,查其該校教員,始知曉莊校址即在此,現已由中央黨部改辦爲蒙藏學校,曉莊小學亦歸該校掌辦,遂由校醫江女士引余向左醫院前進。登山坡,瞭望該校背有山如屏障,據説名"老山",左右二山脉下降環繞,中成一凹,該校即建凹中。校舍作不規則星散式,總辦公室築於屏下,屋爲圓形,上蓋稻草,西南向,前爲操場,下爲池,復下又爲操場,再下將闢爲游泳池,池下皆爲田,教室、宿舍、厨房暨療養室皆建築左右山脊上,空氣特别新鮮,風景幽雅,誠絶妙之學村也。江醫生導余至應接室,據云該校對於招待參觀人係輪流每日一人,嗣由李指導員兆輝出爲招待。李君係閩長汀人，生長泉州，同鄉見面，益見情深。遂至辦公所，略休息後，即導往各教室及宿舍並各特別室參觀，所有全校學生，大略記之如下：

蒙藏學校沿革暨學生大略。該校原爲曉莊師範學校，曉莊被封後，於十九年由中國國民黨中央政治學校擇此爲附設蒙藏學校，主任何玉書將原有校舍一再經營，現有蒙藏班一級十八人，高級普通科二班計五十五人，師範科一班二十九人，衛生科一班三十人，畜牧科一班三十二人，初中三班計八十七人，補習班十七人，皆係滿、蒙、藏、青各處送來之子弟，内地惟有四川初中一人，補習班一人耳。衣、食、住、書籍各費完全由校供給，男女兼收，服裝完全黃色，男女無分別，可辨認者惟女生文髮，男生剪光耳。參觀各教室，學生正在上課，精神勃勃有英養氣。其療養所尤見完備。至該校周圍之環境，北鄰燕子磯，西近幕府山，玄武湖波蕩漾於南，大江環流其後，丘陵繞校作抱合狀。登老山巔一覽，紫金山隱約在前，置身此景，當足以引起崇敬總理、激發革命之感，殊爲教養邊疆子弟之勝地焉。與李君瞻後下山，送至門外半里許，代余僱人力車，然後握手離別。

和平門[外]磚瓦廠。車至和平門外，遠視大烟囱儼若天柱，大書"宏業磚瓦公司"。至營業處，由宋君招待，由磚坯徑曲折而過，達西式窰，登窰頂。該窰名輪窰，長約三十餘丈，闊約三丈餘，旁分甲、乙、丙、丁……共三十六櫊，窰頂每櫊有燒門十餘個，燒門爲圓形，直徑約八寸，上蓋以鐵蓋，燒時以鐵蓋掀起，煤即由此送下。三十六櫊係歸一烟囱，燒時輪轉不停，終年不熄。如三十六櫊中甲、乙已燒，丙、丁以下皆可裝窰，裝好後即由窰頂乙與丙間之鐵鈎起，火即開，乙窰之火，即由火門至丙，由内窰上圓門報以煤，丙窰即燒，可由此依次而下迴至甲窰。每窰燒至五天，火候即至，即可開窰出磚，出後立即裝入，因窰尚熱可得經濟，並可將火門鈎起，投炭復燒。惟此窰資本甚大，須有大資本方能創成。次觀中國式之磚窰。與各處之瓦窰略同，係單櫊式，上作圓穹，煤炭由前面正中處送燒，每窰須七天方可燒熟。次觀機器製磚處。該發動機係燒油渣，其機上爲漏斗，漏斗旁有橋靠山，工人四五將山上於去年掘出經化之土衝以適量之水挑取，由漏斗注入，經淘篩機，所有草根、石子即由旁汰去，而純土再過一漏斗而下,經螺旋機一轉,土即勻度適宜,然後由壓機將土壓擠出機口,成長條式,約伸至平板三尺餘長,然後由司割坯者將鐵線機一動,即割成一長條,直送過第二司坯手,再以鐵線機一轉,即成數塊之磚坯,由運工送往摒地曬乾後,即行送燒。次觀製造新式瓦坯。機上爲一漏斗(較前略簡),土由漏斗送入,經螺璇旋轉,土即成漿,由下端出,略成瓦形,然後送往壓印機。壓印機陰模分爲二,上模嵌著璇柱,璇手一轉,上模浮上,下模可抽出粗坯放於下模旁之璇機一轉,即進入適對上模,再由上端璇機一轉,上模即行壓下,遂成一瓦坯。仍將上之璇車倒轉,上模即上升,下模抽出(其坯尚在下模),璇機轉動,下模即翻轉向下,其坯即由水平盤盛去,送無日處陰乾(因土太濕,見熱恐裂故也)。此爲手機製,尚有用發動機製者,其機略與手機同,惟下模有左右二型,可左右出坯,較手機爲速。嗣由原途入和平門內參觀託兒所。

南京市婦女文化促進會第一託兒所。該所主任爲余宗英。該所係本年四月開辦,有兒童三十餘個,大多爲赴前方之軍官或工人子女。到時各兒童方在午飯,飲食營養頗得宜,睡所亦適當,惟房屋太窄,運動場、遊戲場亦不大妥當,據余君云該所經費,甚覺支絀,辦理故不裕如耳。

棲霞[鄉師]。下午三時將行李帶出和平門,乘火車至棲霞站下車,向東南一望,有屋井然,問之即棲霞鄉村師範也。入其境,街道潔净,人民皆知衛生。入江蘇省立棲霞鄉村師範學校,由嵇主任鶴出爲招待,行李先導往安置棲霞旅社(該社係學校所開,設於校內,住宿費每人二毛,房屋被帳皆極潔净,招待周到,飲食有棲霞飯店亦甚合宜。因此地村小原無旅社,該校成立後,來遊者衆,故特設此以便參觀人下榻也),嵇主任然後將該校狀況一一指導,記之如次:

① 鄉師沿革:該校原爲江蘇省立第四師範分校,創立於民國十一年,初建平屋計三十餘間,學生兩級。至十六年,改名爲江蘇省立南京中學鄉村師範,由黃質君等接收。其時因校中駐兵日久,荒漏不堪。八月棲霞復淪爲戰區,住校職員幾以身殉。至九月軍隊他去,南中校長邵爽秋聘黃質君爲主任,擔劃一切。十月始正式上課。十七年遂添建校舍,添購民地,建築實驗小學,民衆茶園。十

八年添招新生，合前已有三級，畢業生三十五人，增購儀器書籍。至二十年，更名爲江蘇省立棲霞鄉村師範，全校設備，亦漸行完全。

② 設備：現校中有地百餘畝，校舍百餘間，校具數千件，圖書萬餘册，標本千餘種，儀器百餘件，操場一，校園四，農場五。

③ 學科分類：公民教育、國文、數學、農業、體育、社會、自然、工藝、美術、音樂等。

④ 訓育：訓練學生主張嚴格，一年[級]注重生活作業，二年級注重農事採作，三年級注重社會活動，四年級注重教育實習。

⑤ 課外活動：有課外讀書會、講演會、文藝觀摩會、音樂會和各種研究會、各種球隊同樂會、效叙會、棲霞新村等組織。

⑥ 推廣：推廣事業分關於教育、村政、農業三種：

（a）關於教育的：民衆學校、民衆補習學校、民衆茶園、鄉民問學處、鄉民代筆處、民衆讀書處、通俗講演、科學講[演]、科學館、幻燈講演影片、說書、新劇、民衆周報、民衆畫報等。

（b）關於村政的：村政改進會、戶主會、風俗改良會、勸戒烟賭、破除迷信、平糶、消防、築路調查狀况、代辦物品、指導合作、民衆娛樂、衞生指導、施診給藥、清潔運動、種痘運動、防疫運動、保存古蹟等。

（c）關於農業的：改良農事、指導種植、交換麥種等。

⑦ 其他：如教職員有二十餘人，學生已畢業者百餘人，在校學生二百零三人。

⑧ 附屬小學計二校：第一附小在棲霞街，第二附小在下蜀鎮。二校職教員八人、學生三百餘人。學校行政分教導部、總務部、研究部，兒童生活組織有村公所。推廣事業分家庭、社會、學校，均有相聯絡及輔導。

⑨ 實驗區：棲霞山附近十里路範圍內，由棲霞鄉村師範兼辦棲霞義務教育，謂之實驗區，面積有四百方里，學童有一千七百六十餘人，刻由棲霞義教區分設義務小學校十餘所，就學兒童已達百分之八十以上。

談至熄燈鐘響,方各散睡。

五月十五日　晴

　　五時聞校起床鐘響,即起床到花園及後山一行。該花園爲棲霞鄉村師範校園,花木修整,空氣新鮮。該校校門不設門禁,無論何人皆可往園遊眺,雖爲校園,實即公園,而該校師生課餘,每在此合奏音樂焉。天雖初曉,該園已不少遊人在此散步玩賞花卉矣。五時三十分,全校教員學生完全制服,經操門投救國貯金(該校設有木板,每班一個,每板刻如銅片大者數十個,依學生之號碼記於空上,早操時置於入口處,每早各生須備銅片一,置於自己符號處,出席、缺席均據之),然後集合臺下,由教員唱號,行升旗禮,次唱救國歌,次呼口號,次散列作操,至七八節完,又集合成冂字形,由教員或學生精神講話,然後散隊,即各執帚具分校内外净掃,教員亦參加,女生多在課堂膳所拭椅桌,至鐘響然後自修。七時早飯,七時半上課。飯後由稽先生鶴導往全校參觀,如昨晚所述者,一一走過。至十時觀畢,轉遊棲霞名勝。

　　余早聞棲霞寺,自南齊處士明僧紹居此,其名大著,後屢經改革,積極布置。清高宗五次南巡,均駐蹕於此。時建屋甚多,洪、楊之亂,雖經焚毀,至光緒已陸續修理,風景及名勝甚爲佳麗,即預備前往一遊。

　　十時由鄉師西首大石路直入,山凹間忽現一大古刹,儼若別有天地。前有一池,中築一六柱亭,顏曰"彩虹明鏡",路由池旁環進,即至棲霞寺。前埕外池成半月形,寺前右有徵君碑,高約二丈,寺門對云"六朝勝地,千佛名藍",爲徐敬瞻題,大門之"皆大歡喜"與韋駝與他寺同。中殿高約四丈餘,前上匾爲"毘靈寶殿",下爲"佛道崇虛";中塑釋迦,旁爲二十四諸天,皆立雲上式;後爲觀音大士,作提瓶傾水式。後山塑極樂世界,各式樣像共約數百,下爲求超脫之水裏動物。再上一殿,高大亞中殿,中掛達摩像,有程德全題聯云:"四百八十寺,過眼成墟,幸嵐影江光,猶有天然好圖畫;三萬六千場,回頭是夢,問善男信女,可知此地最風涼。"左右之樓屋建置,光線極足,空氣亦佳,多爲遊寺者住驛或避暑所居。

　　寺東爲舍利塔，上爲千佛山，巖石數十仞，旁鑿石洞，內刊石佛，旁有功德碑。亭已壞，碑爲白石，作三塊狀，每有四方尺。緣石脊而上，半脊處有六角亭，褚民誼題爲"暢觀亭"，末更序："山舊有亭名暢觀，當中峰石梁間，久圮廢，今夏寺僧寂然重建之，實茲山最勝處。"並有對云："林間風月增清價，眼底江山豁壯懷。"其亭東望紫金，西瞰長江，衆山拱繢，什園錦綉，誠暢觀也。亭右爲玲瓏池，旁有御題碑。復由山脊直上，有太虛亭舊址，方欲建築。再上數十武，有牌示曰"要塞重地，遊人止步"，余一見此牌，不覺失望異常，因余遊山最喜登峰，如廬山之太乙峰、鼓山之觀日臺、九仙之尺五天、戴雲之絕頂峰、大仙峰之最高峰、西湖之南北高峰，雖千危百險，亦冒險蹈過，今遊棲霞，欲登風翔而不得，豈不恨哉！

　　余思山巔之廟雖重地，可不到山巔，由巔下環璇一周，亦可極目東北之形勝。主意既定，即大步再上，至將至巔處，即由西轉過，舉眼東北，長江西來，如虹如帶，輪航上下，若蟻若蟲，鐵路自山下而過，軌道窄如一線。適大車東來，若蚯蚓蠕蠕動，汽笛號怒，不啻蠅鳴；山下農田，或黃或青，真如和尚袈裟。西望首都，城垣一線，房屋黃紫相間，別開特別異景。余越遊越高興，越登越高，行將至巔，忽於廟內有一憲兵出，余即以禮問之，以由遠地來此之情形陳之，請准造巔一寬眼界。彼則曰："此山爲首都要塞，山巔正在築造營壘，司令有命，無論何人都不許登山。先生既是遠地爲考察教育來此，似很難得。惟余不敢自許，須候上山打電話問首都司令部，方得答覆。"說完上山，約數分鐘即下，向余曰："已稟明司令部，可以上山。"余即隨後而上。山巔爲一二進式宮，名曰三茅宮，駐守者主腦爲排長唐君，遂引余至宮之周圍覽望，景色尤清，山下有工人數百，方運地工作，據唐君云，係將起建水泥廠。又山之東北一脈直向長江而下，成虎踞勢，山脊處正在開石，將建築要塞炮臺，山巔之旁亦鑿石成一方池，據云亦建築炮臺也，將來建築完竣，真爲首都之咽喉也。

　　覽後遂告別下山，至棲霞寺左之照相館，觀其陳掛風景，有禹王碑、一線天、珍珠泉等，未尚遊及，詢僧人以路徑，據曰："在寺右而上，約三里即至。禹王碑、一線天亦同一路。"余復奮起精神，由西樓下出，拾級而上，有園門額曰"果園"。再進，有方井一，鐫"珍珠泉"，余以葉作杯飲之，味甚甘冽。復由澗旁石路而上，下視澗邊，奇石叠叠，左旁多建築古跡，規模甚大，查其行人，下即古之桃花澗也。入叢林遠視，密松之下，有人對坐傾談，近前視之，爲二青年男女，正在携手絮絮細語，夫婦歟，情友歟？余亦不可而知，余亦無須知也。余方恐山險樹密，或遇狼豹，幸遇此，得以助膽，大步蹈進。

　　向東大路直行，約里許有小廟，余以爲此必禹王碑，至其廟，一老僧方在鼾睡，余叩之醒，問其所在，渠曰："此百花園也，禹王碑須由東上。"余即轉東直行，忽與剛才所走風翔峰之路合，知又走錯，即轉回向中路而上，過小澗，經松陰荒草小徑中石級，約二里許，有亂石縱立，高數十仞，中作忽斷狀，對正視之，見天只有一線，余意必一線天，視石鐫果然。頑石之上有樹，其根穿石隙，而石略變爲碎石，此及乃植物之根吐出酸性分泌液而石爲其所浸化也。峰首上視，有一小亭，旁圍以牆，牆上大書"禹王碑"。余復拾級而上，至亭前，有碑七長方，高約九尺，闊三尺餘，左三爲蚪蝌文即禹王碑，旁立者爲乾隆御筆碑，曰"入目蒙茸得以深，豁然開處見天心。天心原在人心裏，應向聖經章句尋"，下書"庚子暮春下澣禰題"，右之三塊作正楷，其字已不可辨。

　　余在内坐片時，即由原途而下，復至舍利塔。塔位藏經樓之南，高五丈餘，自底至頂共七級，每級八面。乃仿造印度阿育王式，第一層各面鐫釋迦本行至涅槃諸變圖，次層四面鐫四天王像，餘四面鐫佛像二尊。門二扉，而面與面之間有石柱，柱上刻經咒，字尚可辨。三層以上各面鐫佛像二尊，各層飛檐多殘缺。聞塔係隋文帝造，文帝與異尼得舍利數百顆，分建塔而藏之，凡八十三州，蔣州（聞其時金陵以蔣子文故改稱蔣州）其一也。塔上雕琢極工，與我國美術史上大有關係。塔於南唐時曾修飾一次，民國十九年秋教育部曾加修葺，每層圍以鐵箍，塗以防止風化剥蝕之藥料，其下護以石欄，四周又護以鐵栅。由塔復上爲千佛巖，巖有佛龕大小共二百九十四座，石像五百十五尊，其中以無量壽佛爲最大,像高約四丈,其左右鑿觀音、勢至像,各高三丈餘,外鐫"無殿"。千佛巖之佛多係宋元明之物,因石質不堅,久經空氣侵蝕,像多模糊,寺僧近加水泥塗塑,古意盡失,惟立在無量壽佛殿前之接引石佛,高二丈餘,保存完整,鑿工超絕。崖上有一峰屹立,峰頂作方龕形,龕上有小洞,洞內鑿佛像,自下望之若紗帽然,故稱紗帽峰,清高宗嫌其俗,易稱玉冠。紗帽峰前一平石,寬可兩席,號明月臺,當月明之夕,登此觀月,峰前溪澗林壑,畢露目前。西北望長江,烟波浩渺,松聲泉聲,崖影樹影,任人目眩耳亂,塵此片刻,俗念盡消,洵勝境也!

過白鹿泉復上,見石壁上有篆書"試茶亭白乳泉"六大字,詞爲唐人所書,陸羽曾試茶於此。過西數十步爲白雲庵,明徵君之故宅也,今爲一片瓦礫之場矣。至此乃由崖旁而下,至寺,有村婦賣山梯姑者,云係貧苦,乃入山尋此以爲生,余買數十個食之,味尚可口。嗣至蓮池邊買風景片十餘張,然後回校旅社。

至已三點,全校男女學生皆草笠赤足,方在農作,甚爲忙碌。掀閱《棲霞導遊》,尚有御龍橋在街口數百步外之西南處,祠原爲一大石橋,清乾隆帝曾臨此,故名。該橋爲赴甘家巷、衡陽寺等處之要道,現已寬鋪木板,以便汽車交通,迥失舊觀矣。橋之東爲手工磚廠,窰係古式,余到時工人方在製坯,坯模係單塊式,其型爲木製,工作時排土臺上,模內施以草灰,其土圓有六七塊磚之量,峰上盡力鑄入,以弓形鐵絲,順型上緣刈之,去其餘土,復以土棒搓光之,即將牙扣抽去,牙略放開,磚即取出。又有一模可刈成爲兩塊者,其製法同,惟磚模中鋸成一路,製之手續至完,即用弓形鐵絲由鋸縫處刈之,然後取出,即成二塊。至窰完全古式,惟甚高,每窰可裝數萬。至時天已昏黑,即由校南馬路而回校焉。

五月十六日　晴

本日擬往鎮江,五時聞校鐘聲即起床,在花園略走一周,呼吸新鮮空氣,十分鐘後,鐘聲又鳴,學生已完全集合升旗、唱歌、早操並精神講話了。不一刻鐘聲又鳴,又分途洗掃了。一舉一動均係自動,無一遲滯,亦未見有職教員指揮監督,該校學生自動勞動化可謂至矣。查火車南下至該站須九時四十分,視校鐘方七點半，余於校園略再一轉，即收拾皮篋，復入棲霞前買龍骨石若干以爲考究，並因閱《棲霞導遊》記明徵君碑之價値，所以特再爲一視周詳。碑雖經數千年尚完全，字亦精細。嗣由寺西虎山跨過，由石窟轉下，該山產砂石，石工鑿成石磨，運往各處販賣。由石窟至棲霞車站，略坐片時，嗚嗚之聲已到，遂即上車。

十一時至鎭江，即到敎育所，投鄭所長致該所之公函，因周所長往西安，由黃秘書子誥出接，遂立辦函知各所欲參觀之學校，並贈所有各校及敎育機關姓名册一本，並由黃秘書引導至民衆敎育館及鎭師參觀焉。

民衆敎育館在范公橋文廟，辦理精神頗佳，惟對地方生產品及生物理化標本不大完全，至所謂好公民模樣甚多，頗能起人注意，又各國人種及古今進化程序之模型亦易引起平民曉覺，其活物不多。至大成殿所陳之禮器及各烈士照片，閱之任人起敬。前門之閱報室排列位置甚得當，閱報者自不紊亂。此民敎館之大槪也。

二時至鎭江省立師範，由該校主任王久新先生出招待。聞其歷史很遠，原設於淸，屢次更改，至二十二年始改爲江蘇省立鎭江師範學校，校址在鼓樓崗，校長係曹蒭先生。現有師範男生一、二、三年級三班，女生一、二、三年級三班，初中一、二、三年級，男每級各二班共六班，女一、二、三年級三班，全校計十五班。學生於作業及課餘行動皆甚有精神，尤講禮儀。王先生導余參觀，所遇各生皆立正作鞠躬，方靠左行去，對於勞作亦頗特色。工品多製造大件實用器具，如新式椅桌，尤合時用。成績所存雖不多，樣皆精美。其歷史雖久，校舍多係新建，形式宏偉，光線充分。初中三年級方在禮堂開會，秩序井然，其自治之精神甚足。其全校大略如是。次至八義巷參觀該校附小，該校由幼稚園起至高小共十七班。此刻已四時餘，多已散學，惟在各敎室及成績室略爲一覽，所有設備及成績皆甚完美。嗣轉金山及銀山一觀名勝。

按金山爲江蘇勝景，遊人至此，莫不問津。余於民國二十一年曾一渡往遊，此次過此爲重遊也。山中古刹重叠，登金山塔，近至全城，遠如揚州皆在眼裏，寺內碑帖墨拓甚多，惟售價頗高耳。次轉鎭江公園，舊稱銀山。

镇江公园古名银山，与金山遥遥相对，风景甚佳，余于二十一年曾一涉足。公园方在开始，建筑无多，近于山凹处，特开喷水池，四面布置天然岩石之假山，玲珑异常，诚可谓人力胜天也。

五月十七日　雨

本日拟往龙潭参观龙潭中国水泥厂。五点半起床，早饭后即步行到镇江车站，七时二十分上车，九时至龙潭，下车后行李寄于站旁茅屋。由水泥厂铁路径至该厂，由江庶务出为招待，引导参观。先观气锅，并烧煤处，进煤系用多叶车，煤之送入及煁之卸出，皆用车动；次观引擎机，再次为磨泥机及蓄泥池，并烧机；然后观成灰碎粉机，并装灰机；再次即导往后山参观水泥之原料，即灰石及土，并观碎石机，然后终点。兹复将由原料至成水泥述之如下：

水泥之原料，为石灰石百分之六十七，泥土百分之三十，石膏百分之三。其石由后山上用人工或用电力转机攒凿成深一二尺，然后以大药筑入燃炸之，炸出之石碎成小块，然后以轻便铁车送至碎石机，其机系两铁盘，对压即成小卵大之石子。复用轻便车送至磨泥机口，其口为二，相离二丈余，一为送石，一为送土，二者再经混合，始由垩碎机压成粉后，遂合一管路，送入细磨泥浆机。其机为一大圆筒，径约七八尺，筒之长约三丈余，中装直径三寸至二寸之圆球，其筒旋转不息，而泥过其间，为球所挤压，即成细浆，然后由末端流出，其难碎之石子亦由此汰去，而细泥即由铁管送上贮泥仓，然后再由圆管送过直径四尺余、长七丈余之圆筒，经其转动即成雀卵大之泥子而入下筒，一面由另一方将煤由管路送入，经碎煤机而成煤粉，然后送入下筒燃烧。其泥子由上管送入下管，由下管经烧渐渐送出倾入铁斗，即为成熟泥子，而第一机手续告成。

第二机手续即以烧成之泥子百分之九十七、石膏百分之三送入漏斗，经旋粉机，然后由管送至人字口，即以麻袋紧缚左右二口至袋满，即适合其所装之磅数即行取出，再以空者代之，所出装满之袋遂送往装桶，其功乃成。

中国龙潭水泥厂情况：据招待者江君云，该厂资本三百万余元，现扩充新、舊二廠，每日可出二百餘噸。機師爲德國人，月薪千二百元。全廠有職員六十餘人，工人千餘。現每桶售出爲六元或五元餘，近年頗有盈利，前數年常因戰事影響，損失甚鉅，大行虧本云。

龍潭石灰廠：該處所産石礦可製石灰，其灰窑如磚窑式，石開出後，即裝入窑內，上卓以熟灰泥，窑門以磚及土封之，中留一尺四方之孔，以爲送煤，須經燒七日夜，方得成熟。現每百公斤可售大洋八百文，多爲架屋塗壁之用。

參觀後即至龍潭午飯，其地食物頗合平民化，不如南京、上海之奢華也。飯後到龍潭車站候車，一點二十分車行，六時至無錫，住中華旅社。

五月十八日　晴

在下關與連春成別時，擬定由陸四日可一路參觀到滬，渠到滬即在靜候。按本日已是第五日，尚有無錫之師範學院及工廠，並宜興之陶校並吳縣等尚未前往參觀，按其日程尚須五六日，且往贛已月餘，所有各信盡寄上海，均欲一閱，故擬於本日先回上海閱信，並送連君回德，然後再回無錫往宜興等處。七時往乘京滬混合車，十一時至滬東南行，連君正在盼望，到時格外喜慰。飯後至靜軒兄處一談，四時蒙靜兄招宴於天味館。是晚同往天韻樓觀劇，至十二時方回東南行。

五月十九日　晴

早六時起床，上午在行休息，下午往霞飛路、麥琪路訪黃其禄，不在，轉徐家匯訪黃申薌先生，談一小時。晚往共舞臺觀《白蛇傳》，十二時回寓。

五月二十日　晴

上午往靜軒處，午飯後回寓寫信，並收拾行李付春成回德。

五月二十一日　晴

早送春成上招商遇順赴廈後，遂往中央銀行換票，並到中國銀行匯款往九江。二時往北京路、貴州路口戲院觀《國風》,此片對社會教育甚有裨益。五時往觀獸場,九時觀馬戲,十二時回。

五月二十二日　晴

參觀黃渡鄉師。

上午十時往北站乘滬錫車,十一時到黃渡站。下車南行約八里至黃渡鎮,過東港橋,即有極清潔之馬路,兩傍樹木成行,入校門路徑屈曲,雜樹花卉與校舍相輝映,有勃然生動之氣象。司門者介至招待所,即由教導主任張石樵出爲接待,談該校概況。午飯畢,即率余到全校逐一參觀一周。校舍散建,空氣、光線充足異常。時適飯後,學生正在閱報或散步,見客至皆作立正行禮,足見該校之禮節訓練有素。後復派倪詩鳴君招待,帶往參觀農場牧畜所、民衆教育館、江蘇省立黃渡義教區,並附屬小學,然後回校。余因欲參觀是校學生動作,是夜遂住該校。茲將該校並義小等所觀得之情形記之如下:

(1)黃渡鄉師:該校在吳淞江南岸,距上海四十里,距鐵路站八里,屬青浦縣境,水陸交通皆便。其校原爲江蘇省立第二師範農村分校,遞變爲上海中學鄉村師範科,至民國廿一年度,始奉令易名爲江蘇省立黃渡鄉村師範學校,係收高小畢業生,爲四年制。現有男女生四班,共一百四十六人。經常費,二十三年度爲三萬二千二百元。該校組織,校長以下分設教導處、農場、工場、推廣教育委員會、校長室等。至事務會計,皆屬校長室。至研究方面,設有語文研究室、社會研究室、自然研究室、教育研究室,各室設主任一,主持設備管理。常在室辦公研究並指導學生,其主要目的有二:① 爲供給教員研究。② 集中學生正課以内的參考資料,各室皆備足該科書籍及圖表。此法甚善。

該校農場在校之前方,聞前爲荒地,由學生逐年開墾成園,據云現有面積共七十四畝,内苗圃一畝、菜園二畝、蔬菜地四畝餘,其餘皆爲作物試驗場。倪君導余參觀時,學生正在工作,男女生皆戴以斗笠,荷鋤在場工作,均甚盡力,不異一農人也。猪舍、雞舍距校約一里許,管理員僅一人,有專門養雞學生二人,其雞、猪種皆自學園或外地購來。

該校學生日常生活、勞動及事業活動占很大的部分，與中學或城市師範生或和他鄉師皆有不同。每天定爲五時廿分起床（余在校之日，五時起床，全校已有呀呀書聲，學生之勤可知），洗刷定十五分，畢即出席晨會，校長和級任導師都出席，每天並有一位教師訓話。晨會後爲早操，分運動及跑步，早操約十分鐘，男生即向右方環田間至附小前進跑，女生由中路（農學路）向農場牧舍進跑，皆打一環，由中路而還。每晨定跑步一千二百公尺，歸後即操作十五分鐘（洗掃寢室、教室並園路及各場所室內外地面清潔工作），作後自修。七時早飯，飯後七時二十五分起爲上課，上午五課，下午一時閱書，一時五十分至三時四十分多技藝課，三時四十分至四時爲勞作，五時十分至五時四十分爲運動，六時晚餐，六時後自修，九時熄燈。

該校農作與工作設有農場及工廠，每天下午四時後，學生不是在農場做工，便是在工廠做工。聞遇工作忙迫時，多提前或停課，以便工作。

該校膳食組織有膳食委員會，分購買、會計、監察、衛生等股，由學生分別輪流擔任。學生每日尚有分班將所收之黃豆磨作豆腐之實習，以佐餐食。每餐後碗箸皆各自洗置固定號位。

至運動皆在五時舉行，操作與勞作雖多，因運動爲調節身體，達該時仍是教員、學生在一起運動，有熙熙攘攘之概。

其他尚有各種研究會，如社會科學、文藝、藝術、農業、鄉村教育、音樂、攝影、口琴等之研究。又每月舉月會一次，如音樂、跳舞、戲劇、雙簧、笑話等是也。又每星期舉行遠足會一次，以鍛煉身體之強健。至訓練上及宿舍教室的編號，各種生活的組織，皆以童子軍規律爲中心，且每月露營一次，全校學生平時皆著童軍制服。其餘尚有消費合作社並圖書管理的工作。每學期尚有一種或數種臨時的工作，如從前築學農路，平大操場，築黃渡路，開農場北面的河，築中山路等皆是。

該校每日自五時二十分起至九時就寢，既都有一定工作，故身體弱的並新到的都覺得吃力，但因經過慣了，亦不覺什麼。故余在校兩日，都看見各生按時工作，自自然然，亦未見有教員責促，況終日忙碌，未有"閒居"，不但身體健康，且沒有"爲不善"的機會，甚得法也。

（2）江蘇省立黃渡義教區小學及附小：黃渡鄉師爲提倡工學合一的生活起見，曾設工學實驗小學十所，分布該校之十里內，其經費即就江蘇教育所委託辦理黃渡義務教育事業費項下撥用。現設有梁俗、松節、朱墅、沂浦、趙行、橫河、張家橋、華湘、凌角家、黃渡橋十校，教員係四年級學生擔任，每校約二三人不等。各教生於星期一回校研究並學習功課一日，其小學星期日不放假即放拜一。倪君曾導余參觀農場、牧畜場後，遂即到華朝廟參觀小學，該校長爲陳靈生，校址雖屬古廟，一經改造，光線與空氣均充足，學生極有禮節，余至門時所有學生多在門內戲球，見余至皆立正鞠躬道好。校傍小學園，係小學生經營，成績尤佳。校後爲一片護竹林，竹密異常，中架竹亭，可以乘涼。曲路由亭左入竹林，逶迤而過，約半里許，可由左亭角出，其景尤幽雅。至回時，小朋友又來送別，其禮之訓練可謂周矣。歸途中尚參觀該校與各機關合辦之民衆教育館及夜校，時適農忙，惜未看見工作。回至校前，更參觀第一附屬小學。該校距鄉師約半里，校舍新建，甚整齊清潔，校園小花園布置尤雅。校分高、初二級，學生乃鄉下來者，年在十五六的爲多。五時適一班爲童軍課，精神甚佳。

五月二十三日　晴

參觀立達學園。

立達學園：離南翔車站六里，離黃渡鄉師八里，其本校在上海江灣，此處爲一農場，主任陳君範予引導參觀。高中共有三班，課堂多自動研究，校舍雖不廣，甚合農民化，多一列式平房。該場並附辦小學部，校中完全無一工友，操作炊飯皆學生、教員自理。校舍亦多自架築，農場及畜牧成績最優，惟各處廢物不大整理。參觀至半途，適遇同鄉永春人邱玉緣先生，接帶參觀各處，更爲常盡。由校後向西細視各場園，然後轉南行，再由校前向東至魚池方回校。園地多係新開，所有種植多學生動手，前後左右約有園八十餘畝，皆井然成園場，並檢得花種多件。然後由邱君送余至南翔車站，渠方回校。十一時三十分車由南翔開，二點至蘇州，遂乘東洋車至姚家路，住大行臺旅社。

查蘇州本春秋時吳國之都，吳王闔閭及其子夫差據之以與越國爭霸，地近太湖，山水佳麗。城內外之人造遊園，天然風景，稱江南冠。中亦不少實業學校，故特擬留連，以作參觀焉。

蘇州樂觀園：余至旅社稍息後，原擬往觀留園。行約里許，有極新之園門大書"樂觀園"，係一新闢花園，為培養花苗、盆花而營商者。入門後，有新築假山花町二丘，中種芍藥。園有溫室，花苗頗多，牡丹栽成一丘，約數十株。旁有白牡丹二，花正盛開。盆松甚多，幹雖小，均有古雅氣。出園經數百步，即留園焉。

留園：在閶門外五福路，為盛氏私產，門票大洋一毫。聞該園古為明徐同卿東園故址，曩稱"花步里"。清嘉慶初，劉蓉峰觀察復建築之，人稱曰"劉園"。清末歸常州盛氏所有，曰"留園"。園之中部，為涵碧山房，署曰"胸次廣博天所開"。庭西有石直立，曰"濟仙石"，其形甚似濟顛。前臨荷花池，中養金魚、鴛鴦。池之西北疊石成山，多植桂樹其上，中有軒一，曰"聞木犀香軒"，有鄭文源聯曰"奇石盡含千古秀，桂花香動萬山秋"。山之頂一亭曰"可亭"，山之陰有半野草堂。池之東有軒，署曰"清風起兮池館涼"，池南之軒曰"綠陰"，池中有亭，署曰"濠濮想"。周有長廊，壁間多嵌石刻。東有楠木廳，額曰"藏修息游"，庭有疊石，勢極雄偉，石亦玲瓏，所之角有亭，署曰"佳晴喜雨快雪"，中有靈碧石磬，叩之有聲。所北有屋署曰"花好月圓人壽"，左有揖峰軒，曰"石林小院"，對面有屋，署曰"洞天一碧"。東園由揖峰軒入，有高大之湖石三座，巋然兀立，中曰"冠雲峰"，最高；左曰"岫雲峰"，右曰"瑞雲峰"，次之。下有冠雲沼，金魚活潑，尾尾動人。南有四面所，額曰"奇石壽太古"，池之右有冠雲臺，署曰"安知我不如魚之樂"，左有冠雲亭，北面有樓署曰"仙苑停雲"，壁間嵌歪尾光鱗魚化石，兩旁懸雲石極多，俱合畫意。偏東有屋，聞為園主人當時參禪處。池旁有售照片者,園中各處風景頗全,余購全打以爲紀念。出園後,向西行數百步,即西園寺也。

西園[寺]:其寺頗大,如來兩旁亦塑諸天,老佛三尊,態極悲慈,殿後觀音佛像立假山上,作傾瓶狀,山上無數佛像皆金身。僧人數十方在誦經,有婦女多人,旁立觀看,小和尚多注目斜視,其邪念可知。西旁爲園池,名"放生池",池中有閣,東西架曲橋,其額曰"月照潭心"。池中多魚黿,余倚鐵欄上,忽有黿頭若壺,出水吸氣,並有雜色鯉魚,逐食作浪。池西有軒,臨水爽塏。池東有四面所,頗寬敞,惟假山不大整理,所有疊石頗雅致。出園後,天已微黑,遂歸社焉。

五月二十四日　晴

遊天平山,並參觀農學院、玄妙觀、獅子林、怡園、蘇州公園。

五時起床,將行李收拾搬往中華旅社,即僱人力車向西望天平山前行。約一時餘,至支硎山,古名臨硎山,俗名觀音巖,內有仙人洞,即觀音洞。由左轉入即地藏王殿,有轉輪迴塔在其前,推之能轉動。出其門向右上,有泉,乾隆題刊"寒泉"二字,字有一丈方圍。向山坡斜上,過山格,達山凹,有奇石疊成假山,石峰之奇築,玲瓏異常,有廢基數十處,石坊、石塔、石橋等,可見古爲勝地,方有此種遺跡也。再下爲法螺寺,破壞不堪,詢守寺者,曰:此地爲皇宮,左右之路皆稱御道,古有庵名'花城庵'。乾隆帝遊江南時,常駐蹕於此,故名。

回山格轉至山腰,至深格有什石砌成若闊然,即入天平山之口也。鄉人手持草履氣水,在此等候,以爲遊天平山者嚮導,余遂僱一人爲前導。過山夾大路,楓樹成林,遠望華屋,即山之東麓,范文正公高祖、柱國麗水丞隋墓,旁有松數千,其後群石林立。將入寺門之路左於石上刻"萬笏朝天"四字;入其門,池亭與林石相映,景象休然;出後門,奇石疊疊,有穿山洞、蟾蜍石、龍頭石、靈龜石、釣魚石,皆奇絕,尤以卓筆峰爲著,峰高數丈,截然立雙石之上,餘如屏如蠹,或插或倚,備極怪狀。上數十步有鸚鵡石,狀甚畢肖。復上爲月中塔、白雲亭,旁爲缽盂泉,右爲仙人影。轉左上爲龍門,俗稱一線天,旁鐫字爲"龍門在望",

左旁爲觀音洞。更上爲炮臺，有石伸出如炮然，長約丈餘。轉左數步，有大石靠於石之上，名"飛來峰"，旁爲龍嘴石，其石狀如龍口，右爲望湖亭。再上數十步爲觀音巖，左旁有石瓦，再右爲鱷魚石，上爲二線天，較下一線天稍大，又上有石屋二。更上爲上白雲，其石如柱，鑱"上白雲"三字，旁題"我欲上白雲，身在白雲上"。再上爲絕頂，有石如盤，立石上，西南可望太湖，惟風來甚急，坐片時，涼冷異常，遂同帶路者由左脊而下，側視各石，千形萬態，尤爲奇特。回至山下，墓園壘壘，什樹叢叢，大多上等階級之埋骨處也。視手錶已十一時，即坐人力車由獅子山後而回，至閶門外參觀省立農業學校。

江蘇省立農業院：該校比鄰西園，注重蠶桑，培養甚工，至園藝成績亦佳。校地寬闊，校舍堂皇，各種圖表，燦然可觀。校旁園地數十畝，多種蔬菜花卉，導者一一介閱。時方春盡，百花初放，什菜成畦，秩然有序，且平時灌溉得宜，諸多茂勝，學生方在整理園畦，個個有農夫之身手。最後一院爲養蠶室，蠶方上架，學生忙碌異常。學生將入室飼養移動時，須先浴手，並去其鞋履，方得入室，乃保持其清潔，才不至發生病害也。在該校園蒙送瓜菊等花子多種，其瓜菊之花甚大，異於他種。至成績室，燦然列陳，蠶絲、蠶繭，最爲特色。

玄妙觀：下午，由閶門經玄妙觀，遂進一遊。聞該觀創自晉咸寧，原名"真愛道院"，唐曰"開元宮"，宋曰"天愛觀"，至元始改"玄妙觀"。觀内各肆羅列其間，卜者、相者、賣技者、唱戲者，無一不有，蓋其地適在都會之中，宜其有此紛紜雜沓之場也。

獅子林：該園在神道街，現爲貝氏私產，欲進參觀，須投名刺，經園主許可，方開鐵門。其園左爲貝氏祠堂，前爲義莊及學校。園分東、西二部，各成一大環形，東部叠石，洞壑宛轉，游其中者，登降不遑，如同幻境；西部則盤旋曲折，有如迴紋，走廊之壁，多嵌名帖，使人目不暇顧。叠石之上有獅子峰、舍暉峰、吐月峰，屋有立雪堂、卧雲室、問梅室，有梅曰"卧龍"，旁有指柏軒，有柏曰"騰蛟"。尚有玉鑑池、冰壺井、修竹谷、小飛虹、大石屋諸勝，池旁有石船九曲橋，景尤休然。

怡園：獅子林遊罷，即往護龍路尚書里遊覽怡園。該園泉石之勝，亞於留園，其池較獅子林略小，亭、閣、臺、榭之匾聯皆集詞句，聞皆出園主顧文彬之手。中陳卷臺多塊，長約四尺餘，寬一尺八寸，厚六七寸，中空，可納炭燃火，此爲閩粵所未見。諸院閣不大整理，有陳舊之氣，惟古風尚存，無洋概。壁間石刻多米書。園主顧彥平現爲蘇州美專國畫系主任，余到時招待頗行周至。

蘇州公園：出怡園，即到蘇州公園。該園名"王廢基"，聞爲舊張士誠宅第，士誠在明稱吳王，故遺址稱"王廢基"，或曰"王府基"。中有噴水池、音樂亭諸勝，其休憩所，一曰東齋，四面玻璃窗，宜冬宜夏；一曰西亭，古樹婆娑，招涼更妙。中爲圖書館，圖書及博物陳列頗豐，中有人骨一身，骨節特別高大，聞爲開園時現自園地，省一中學生加以整理而陳列之，以作人體骨骼之研究。園中平地，淺草平鋪，間開花町，種植雜花。園北築一土山，築亭其上，曰"民德"。山南瀦荷池，架橋九曲，頗爲曲緻。園之西爲"公共體育場"，適蘇州全縣小學舉行聯合運動會，莘莘少子，頗形勇敢競爭。時雖近六時，尚在競賽，係因時間不及，所以如此其遲也。

五月二十五日　晴

參觀蘇州第十一次國畫展覽、滄浪亭美專、可亭、環秀山莊、蘇州孔廟。

國畫展覽：六時入金門，過白景德路，轉護龍街，至公園，參觀蘇州第十一次國畫展覽會。會場在圖書館二樓，所陳列者爲扇面條幅，中堂只三四幅，所陳各品多細筆，極少寫意。最特色者，有般之指畫墨蓮；次爲鄧季紹之《鳴琴圖》；其次有陳負蒼之山水，筆雖細，布局尚佳；餘均平常。出樓後，即往滄浪亭參觀美專。

[滄浪亭美專：]查滄浪亭爲錢氏時廣陵王元璙別圃，宋蘇子美得後，旁水作亭，曰"滄浪"。由元至明廢爲僧居，至清先後建韓王祠、蘇公祠於此。商丘宋犖復構亭於山之巔，得文徵明隸書"滄浪亭"。咸豐被毀，至同治復建，其後日就荒蕪。至民國十六年，吳子深始設私立美術學校於此。查美術專科開辦於民國十一年，初設只本科一班，後另闢西校於中州三賢祠，其經費皆爲發起人顏文

檾擔任，教職員則均盡義務，協力從公。至十六年吳子深主其事，始遷西校於滄浪亭，並贈設美術館，子深獨任萬金，修復屋舍，於是亭內樓屋、館舍、山石、林木始煥然一新。後復因學生增加，復建校舍於亭側，規模大備。該校現設有：（1）專科，內分中國畫組、西洋畫組。（2）高中藝術科。（3）研究科。（4）選科。分男子部、女子部，並分第一、第二兩院。該校於二十一年八月教育部始准立案，現校長爲顏文樑，董事爲吳子深等。庶務胡君餘出爲招待，首介參觀中畫展覽室及西畫展覽室。中畫室其品多細筆，未見寫意，佳品頗多。西畫室多半爲教員手筆，最特色者即舊式市街一圖，係文樑所畫，中有屠店之掛肉、什貨店之什陳，街之黑闇，視之如身入其境，惟筆太細耳。其餘油畫數張，亦可稱上品。至圖書館，書頗充實，而櫥之布置尤美觀。石膏模型寫生室，共分四五間，模型約有二百餘件，人體約百餘件，皆分陳各處，以爲學生自由寫生。人體模特即裸體女人寫生，其身體不甚曲線美，貌亦平常，係美者難求也。中畫室亦大小兩室，方在仿畫。該教室上蓋玻璃，光線甚足。該院上梯之左右作西畫，爲慈母等像，半裸體，頗形美觀。至校長辦公所及會客所，新鮮之地毯，反光之椅桌，布置尤美。次至電鑄室，各生方在張中畫拍照，照後並張電光射鑄。至鉛字間，正在鑄字，尚未印刷，惟圖印機正在印雙色圖，黃地已印就，現正加漿，精細美觀。校門設有販賣部，出版圖書頗多，在此售賣。該校爲私立，各人對負擔設備頗力，所以設備上特別周全。

可亭：在校之對面，中隔一河溝，內有山崗，博約堂、學古堂、思陸亭、浩歌亭等分列建築，流水一泓，土山小築，布置雅宜，梅樹尤多。現設省立圖書館，圖書頗豐富。

孔廟：由滄浪亭出經數百步，即孔廟，係在城之南，三元坊之西。地甚寬大，建築極宏偉，黃墻黃瓦，氣象壯嚴。廟前河流可通，檜柏無數，秩然成行。旁多名人祠，惜荒蕪不堪，無人打掃，戟門住民養蠶，污穢尤堪。若借以爲學校，互爲利用，加以點綴，則風景甚佳。嗣由西角而行，往觀環秀山莊。

環秀山莊：在景德路中，舊爲清孫補山相國舊宅，自後迭更其主，道光時歸莊氏,遂名曰"環秀山莊"。現財政部借爲貯存庫,余投以名刺,由守閽者喚女僕開門,內假山一座,縱橫約十餘丈,泉水迴繞山間,上通以橋,山巔築亭,山後築閣,頗爲雅致。惜不公開,終日閉門,且無掃除,荒草木葉,積滯山路及小澗,淒涼異常。聞舊有飛雪泉之勝,余到時適旱,泉源已涸,成爲涸澗。假山前有小學校,間隔竹籬。至他院之門戶多行上鎖,不知所以。出園即往飯店午飯,然後到中華旅社收拾行李,乘三時快車,前往無錫。

無錫居京滬鐵路中央,其地水道四通八達,聞與鄰縣之江陰、溧陽、宜興都有定期小輪船往返,近加公路通達,交通更便。全縣河流縈繞,農事極盛,開出之土地,據調查有一百二十五萬二千六百餘畝,水田十分六,桑田十分三,園藝十分一,故農業、蠶業均發達,春夏蠶絲可出產九百餘萬。全邑因交通便利、原料豐富,現全境已有機器工作廠二百餘家,工人達十二萬餘,烟窗林立,工人絡繹,所以無錫有"小上海"之稱。余到站後住大中華旅社,遂即往城內遊覽公園,並參觀崇安寺焉。

無錫公園:在城中公園路。余從東南進園,內有大魚池,約有六方畝,池北有萬茂花園,與清風茶墅、池上草堂相對望,中有橋名"涵碧"。再過爲無錫圍棋場,中有棋桌六方,正在交鋒者五,觀衆頗多。所之壁嵌懷素草書長方石四,甚爲雅觀。再南有高崗聳峙,蜿蜒至園門綉衣峰止,有多壽樓,電影院在園之中,西北隅有桃林,已結子纍纍矣。雲塢上有高大子孫樹,樹下稍坐,尤涼爽。過此即出園門,赴崇安寺。

崇安寺:距公園約數十步,寺前什商林立,儼如南京之夫子廟、蘇州之玄妙觀,賣什貨的,變戲法的,百項什陳,點綴其間,遊人如織。內有萬松院、中隱院,寺後有王右軍洗硯池,均一一探視,至七時方回寓。

五月廿六日　雨

前往宜興。

六時即到無錫江南汽車公司,買宜興蕩渡車票上車,七時車開,過太湖邊,大雨如注,前望篷船,來往太湖,儼如星列。十時至宜興站,再行換車至蕩渡下車,以二小洋僱一帶路者,引導經鼎山約走八里至蜀山鎮,鞋襪盡濕。即至江蘇省立宜興陶業學校,學生方午飯,教導主任汪琛、教員周忠等出接待,遂即引往午飯,飯後即由汪主任帶往全校參觀一周。據云該校校長王世傑,現住上海。辦理已經兩年,學生分藝徒、初級共二班,生數只四十二名。藝徒生終日實習,晚方上課,實習場中未設器械,完全手工,理化儀器亦未備,圖書館亦未設,操場亦未見有運動器械,該校可謂徒手化,亦特別也。操場早晚未見學生活動,終日埋頭做工。手工指導係聘該地之老技工,授以種種手藝,製出成積頗多,共陳二室,燦然精美,花瓶、花盆及壺鼎之類爲多,其他如杯盤雜件亦不少,售價頗貴,有至十餘元者。

材料爲長石層,來自鼎山,有紫、紅、白各色,開時係用深掘或橫掘諸法。方開出時,質近石,經受日曬雨淋並受氣濕作用,即變爲黏土。作細器者須經舂磨手續,而粗器則受日雨空氣濕化後即可應用。

製坯之手續與他處製陶瓷坯皆不同,完全不用轆轤,純用徒手製造,器具惟工作臺及竹箆數種耳。臺亦甚粗糙,用全節之木,劈成爲二,下加以足,製時置土於臺上,以一面水平之木搥,打成泥版,使土堅實,然後刈成長條,環爲圓形,視欲成何器,即以土之長短及方斜度而定之。如製碗,先打一圓形,以圓規刈成所欲製大小之底及上緣,其圓規外轉處張切刀三支,作一轉刈,即成一圓形並二圈(圓形爲底,其外最大之圈爲上緣,次圈爲底緣),另打一長板,以刈規刈成扇面形。如紅土欲飾白花紋,表面即粘白土,並印以花紋,然後環於模外,置於半球之臺上,復以板打之,然後將圓底切入,接口處加以土泥,並以手力按之使相切合,然後將環加入其口,仍加泥漿粘切之,使其接合,並修光之,將器翻上,再加以底緣,復用泥接合并修光之即成,此製碗手續之大概也。至製他種器具,則視形狀而變更之。

雕塑:器之表面,使成種種形狀,其製法有二,一用印模,一用手塑或雕刻。如製魚化龍之茶壺,面有水波形並龍及金魚之像,係坯未乾時即行雕塑,每天只可成二器。如各器之表面雕以文字或花鳥山水等，均候乾時即以鋼刀刻之。

素地彩飾：該地陶土有紅、白、紫之分，而能配成花紋。又素地表面，可用氧化鈷或氧化鐵等種色料混入泥土，使之硬軟濃淡適當，然後依所定之花紋分部塗布，至燒出即可現各種色彩。塗時因其便速起見，常用竹紙畫成花紋，以銳刀切成之，將紙貼合坯面，以色泥塗之，稍乾拆去其紙，花紋即現。

濕缸：爲保留雕塑未完工之坯不至乾燥之器也。係用陶缸，下置濕土，未完工之器，貯於缸內，上覆以蓋，以保留其濕度。如乾燥天氣製造塑品，多應用之。

窰：係蛇窰，建築於山坡邊，其形如蛇，故名。完全舊式，與閩省德化之陶窰相同，惟燒時亦用盒鉢，每窰約燒二十四小時，燒料用松枝、桑枝或稻草等。其燒之方法，先燒正門，次即向窰身左右之向天門進燒，其器十可成八九，非如瓷器之十成四五也。窰旁有門，以爲裝窰、出窰來往，裝滿後門即封閉，燒熟後復開。此窰之大略也。

蜀山鎭之陶業略況：查全鎭有窰六條、工作廠九所（餘均家庭製作）、售店七欄，全鎭每年約出產十餘萬元，鎭之男女大半多能製造。惟農忙時，仍往種田，其陶製品爲該處一種副業也。

四時，到街買陶器數件，以爲標本，近因市面不景氣，價亦不高。是晚與汪先生談陶瓷事，十時方睡。

五月廿七日　早雨，至十時晴

早作紀念周，次參觀鼎山磚瓦廠，及遊覽庚桑洞、陶廠等。

本日爲星期一，八時承汪主任等力邀余紀念周作演講，因不能辭，即登臺略述生產教育，以生產救國，畢即擬往遊宜興之庚桑洞並陶磚廠等。由校丁代僱一小划子，費小洋十角，搖至鼎山岸邊，有牌大書"宜興中國磚瓦廠"，遂即登岸，由船夫引往參觀。該廠原有製磚瓦等機器，現因不景氣已停工，僅有男女數人，製半圓式之瓦焉。製瓦之法，先用搥打土成平板，切成相當之式，然後壓於半圓模上,以手擦光及塑其凹凸各形即成。至土之研碎,係用電力轉動二石輪。旁有小爐方在燒器,據云係專燒黃釉,因他釉可入窰燒,獨黃釉不能經大火也。次觀及大窗花磚,表面係塗綠釉,據云其原料即用綠玻璃並灰窰壁之玻璃質結合物及氧化銅等。

另一手機製磚,係用鐵模,左右及上面皆有轉輪,可自由開合,鐵版厚約分餘,製時模先扣合并塗以油,然後將土用力壓入,即將上蓋盡力壓下,而土被其窄壓,餘土向左右溢出,開上蓋,除去後扣,又將左右鬆開,其磚坯即可取出。

回舟後,過畫溪橋,約行二十餘里,到湖汶鎮,再上河已不通,舟子即任其少女紅寶帶路,遂向田間石路面西行二里許,望見一山坡,旁有紅磚屋,即庚桑洞之前門也。山下有汽車路,可通宜興,紅寶云:"此洞及路均宜興儲南強先生經營修築。"車路上石級作中山陵狀,拾級至紅磚屋,相館、菜館皆備,屋後即庚桑後洞,張以玻璃門,洞口有葉向高手題石碑。洞口稍立,冷風吹來,涼快異常。一入其門,忽成一洞裏乾坤,級上有石碑,記其考實,略謂天下名勝之洞七十二,此洞居第五十八。洞所闊有數十丈,石所作三層,洞頂石乳滿布,作倒山及人物禽獸狀。地上以洋灰築成大所二,小所二,旁作級層,每層約丈餘,所備石桌、石椅數席,蝙蝠作吱吱聲,人呼作雷鳴聲。坐片時,余方擬僱人提火引路,忽來數人,前行者提汽燈,余即同其前行,紅寶亦隨後。由所底作螺旋轉繞至大所,上層石壁畫張果老及衆仙像。再由上轉下,東灣西曲,千孔百竅,或支洞之底有池,或壁成山形,即易君左《乾坤雙洞歌》所謂"洞中有山有水有樑復有棟,洞中有人有物有龍復有鳳,洞中有洞,洞中復有洞,洞中復有洞中洞",實不謬也。

轉繞二里許,望見白光,始至前洞,其所較後洞尤大,有水泥桌可坐百人,旁有石椅數十座。稍息片時,復由旁穿入,旋轉繞曲,始行漸上,將至洞口,有水門汀亭五,最下爲"瑞美亭",係南強營此洞時,其胞妹瑞美助工費五千元建作紀念。又復迴曲再上爲"省縣亭",下注云:"強治兩洞之第十二年,縣政府助銀六百元,又第十四年,教育所長周佛海提省會議助銀三千元,同時縣長鐘竟成提縣會議亦助三千元,又京杭路種樹餘款五百六十七元。"復再上爲"德生亭",注云："德生與強交好，助銀萬元。"又向石級再下爲"曼華亭"，注云："子婦俞曼華，性好山水，見余困經濟，輒出其奩資助工，先後二萬元。"再上將至洞口，爲"浩元亭"，注云："浩元爲強治洞時最早之共淡人，其長宜興稅務時，又助銀五千，故立亭謝之。"按此諸亭之他助者，其款如是之鉅，其經營之工程浩大及奧妙可知。洞口向山坡頂，口外有"思古"、"感舊"兩亭。思古亭注云："善卷洞見儒書始陳壽《三國志》，庚桑洞見儒書始郭璞《東漢郡國志》注，其後梁任昉、劉溉、劉洽、唐李濱、許渾、盧元輔、宋蘇軾、周必大、曾幾、葉夢得、張炎、賀鑄、岳珂、孫覿、元倪瓚、張雨、楊維禎、周砥、馬治，明沈周、文徵明、唐寅、都穆、王世貞、董其昌、李東陽、葉向高，歷代遊者皆有篇咏，強今彙集古今兩洞藝文錄凡二百餘首，登高諷咏，發思古之幽情，因以名亭焉。"

登洞口山頂，可望太湖。坐亭上休息片時，即由山路而下，至甘泉精舍。院後有四方之石碑，高約丈餘，闊三尺餘，作方柱形，四面鑱《甘泉記》。後數步，即甘泉，石層下有池一，縱橫皆三丈餘，上有泉長流不息，雖旱亦有升大之水。出甘泉，即回原舟。

鼎山大陶器廠：坐原舟回至鼎山，復上岸，參觀製造大陶器。其大缸之製法，先製圓式之缸底，然後搓土成條，由底緣環叠而上，成形後，再以板向裏面打之，大小皆用是法。至於修光，係兩手各取濕布一，撫器速步環轉，小者以器坯置於半球形板上，以手打之使轉，以濕布撫壁內外磨之，即成光滑。其缸之最大者，有直徑至五尺高及五尺餘者。各工廠製造頗熱鬧，查及商況，亦遜於前。下舟後，自鼎山至蜀山，舟行十餘里，兩岸皆堆滿大件陶器，以待裝運出發，其堆集或有高如山者。長江、黃河南北及沿海各處，皆用是處陶器也。六時，舟至陶校，而全鎮電光已爍天矣。

五月廿八日　上午晴，下午陰雨

早飯後，復往各工廠，考察各種陶器製造。十時往各陶器店及學校採買標本，由該校技工代裝爲四簍。下午二時半，即由校丁將陶器挑往碼頭，約候一小時,汽輪已到,即上輪到宜興北門,將陶器四簍寄於輪局,仍乘原輪進往張渚。擬於明日往觀善卷洞焉。是晚九時,輪至張渚,遂往住張渚旅社。

五月廿九日　陰

　　早五時半,由張渚旅館前行,過新橋經五里亭而至善權鄉,望北進約半里許,即至善權寺。由寺左上階道數十步,可望見水洞壑口,過山夾,即有洋式房屋數櫊,下望有汽車路,係通宜興者,木建之華表式二於路口。由支道至平民飯店,由帶路者取油竹引導先至中洞,將至洞口時,有水泥華表,上書"須口",後書"極樂世界"。再進,石壁鑱"萬古虛跡",洞口有一山峰,名"小須彌山",高三丈餘,乃石乳滴下凝成,有如來立其巔,形與長江之小孤山略同。山後為觀音海島,石鑱"九仙洞"。再進,左為象王,右為獅王,皆石乳結成,均高二丈餘,極為逼肖。仰頂一望,層石成雲狀,間有石乳凝結成種種之奇形。其洞下以水泥平地,深十餘丈,闊四丈餘,高五丈餘,四壁或用石鑿,或用水泥,塑成釋迦、羅漢各佛,並題字頗多。由中洞盡處有門,係石乳叠成,其石如雲,名"雲口"。由左級上,有水泥華表式門,前書"雲天",後書"夏涼"。復開成一洞,深約四丈餘,闊約六丈餘,地面以水泥砌平,惟無光線,須燃火,方可望見。導者指某處為天柱,某為梅花帳等,皆極肖。由洞緣環上,有石層以水泥造平路,徑至太古池,過天腰,經黃梁窩,而環由右如華表式之門出,後書"冬暖",前書"霧海",然後復由雲口出中洞焉。

　　下洞在中洞之下,進者須舟。出中洞後,導者復至平民飯店取火竹,並招搖舟者而往。進口處有滴下石乳成倒山,導者指此為福壽,彼為猪頭,余望之極肖鰲頭。洞口有小澗,由前山歸流於此,水聲嚶嚶。緣澗邊石路而進,旁有九叠池、通天石松,松後為仙人帳,因石乳滴成,極肖珠帳;再進有仙人足,群獸會;更進為石鐘,係石乳滴下由地面凝上,而成鐘形;又進為仙人床,右轉為木瓜。舟進數步,則搖舟者已在此候矣。方下舟時,旁有石如夏雲,導者謂名"方圓山",余謂此即應更名為"雲山"也。舟由洞進,水道或寬或夾,經三灣二灣至頭灣而出瞾口。細察水洞中，其石光滑異常，係由水力沖成而然也。有人謂古時此地爲海爲湖，至禹王治水後始成陸，係不虛也。

出瞾口數十步，有自然石一方，罩以亭，鑴"碧鮮庵"三字；對岸有亭，額爲"仙蝶亭"，注云"晉祝英臺以女子改裝遊學，與梁山伯同處三年，梁不能辨，身後衣裙化蝶。事載《寧波府志》。宜興，其遊學地也。昔之讀書處，今僅存'碧鮮庵'三字碑，余出之土中，改植於園門。前人詩曰'蝴蝶滿園人不見，碧鮮空有讀書壇'，更爲築此亭以弔之"云。入寺之後門，古木參天，休雅異常，由石頭路進，即至善權寺後進也。據云古即紅蓮寺，因和尚不法被廢，後改爲善權。稍坐數分鐘，即由瞾口向原舟回，至下洞半口處有級名"千瓣蓮花"，方在築造，即拾級轉上，而至中洞後門。余愛其洞之休雅，坐約二小時，有戀戀不忍行之態。後由平民店復上半山，亭閣多處正在建築，嗣由山背石級下，復至瞾口，復弔"碧鮮庵"，乃出善權鄉。

午飯後，即至五洞橋候乘汽輪回宜興，到碼頭約數秒鐘，輪即到。由五洞橋前行，左右岸皆有高山，山產石灰石，善卷、庚桑二係前人開石燒灰而成也，沿岸一帶石灰廠林立。按此山之石，既合製石灰，當合製水泥，惜未舉辦也。三時至宜興城，寓於三陞旅社，四時參觀宜興農業學校。

宜興城：處太湖之濱，輪渡四通八達，公路可通南京、無錫、浙江等處，每日皆有定時輪船、汽車來往，故交通非常便利。城內商業極盛，街道清潔，惟不能通汽車，有河道由東貫西，與南街交叉點處有石橋，橋南有古碑"晉征西將軍周孝斬蛟處"十字。

本縣生產教育有江蘇省立宜興農林科職業學校、江蘇省教所，曾有函介參觀是校，故抵寓後，特前往焉。至時爲校長安事農出接。該校址在南門外，校址寬大，原爲宜興中學，於二十二年改爲今名，現設農藝、森林、園藝三科。校之門內闢爲公園，園町花卉精美異常，校中擴地約數十畝，多爲蔬菜園及苗圃，校門外苗圃約數十畝，正在初種各苗。安校長云："尚有森林場在宜興東南湖㳇鄉蒿山界，面積約有一萬畝，內有松林約四千畝，竹林約三百畝，什樹約一千畝，茶園二百畝,稻田約七十畝,什糧地約三十畝,餘爲荒地,現已大行計劃經營,以達生產遞年加增。"校內有農品製造廠,現已出笋並茶葉之罐頭,物甚優美。農品陳列所除各種出品,如木材種子、各植物標本、蠶絲等出品外,尚將各種蔬菜、水果繪成樣圖,以內中所含各種原料說明標出,陳掛室內,閱之了然。

該校設施要項分訓導、教學、健康。其訓導方針爲培養青年生活知識與生產技能,並充分準備道德、修養、能力鍛鍊,使成爲改良農村實際之領導者。

教育分學業與實習。學業方針爲:① 適合職業教育目的;② 適應當地社會需要;③ 養成農村實用人才。其實習方針爲:① 養成勤苦耐勞之精神與習慣;② 使學科與實習有充分之聯絡,並養成研究與觀察之興趣;③ 增加學校生產;④ 推廣優良品種於民間。

實習方法分爲農藝、森林、園藝三組,視其工作能力授田若干畝,使其負責耕種,考查收穫實得高低而定等級。其餘尚有蔬菜園、果樹園、植物園、校前公園、花壇、森林、苗圃、演習林等,使之實習。

此外,尚有農林研究室、農業研究室、農具室、畜舍、雞舍、農產製造室、溫室、軟化室、溫床、肥料貯藏室、堆肥場、園藝冷藏室、蠶室等使其建築。

該校尚有擬定《農林科職業學校實習計劃方案》、《整理經濟農林場計劃大綱》、《農業實驗區計劃草案》、《農林科職業學校計劃大綱》,皆妥當周詳,甚可效法也。

該校園場擴大異常,對於各園安校長皆介余一行,至五時餘方回,在街上復採得陶器之標本數件購之帶回。

五月三十日　晴

由宜興乘輪至無錫,參觀江蘇省立教育學院。

早起六時即僱車將陶器載至東北輪站上汽輪,七點半開,至下午四時到無錫,仍住大中華旅社。行李安排清楚,即乘人力車至通惠路社橋,參觀江蘇省立教育學院,院長高陽出而接待,並引導參觀全校。聞該校係由前江蘇省立民衆教育院及勞農學院合併而成,該校最初爲江蘇大學民衆教育學校,創立於民國十七年,一再變更,至十九年始奉教部令依《大學組織法》及《大學規程》始合併,定名爲江蘇省立教育學院。先設民衆教育、農事教育兩學系,並附設民衆教育等專修科,現辦有實驗工場及養雞、養蜂、畜牧等事業,並於院外復購置農田、山地,添設倉庫、豬舍、雞舍等。

該院之主旨:爲培養江蘇民衆教育、農事教育服務人才,並爲全省農事教育、民衆教育研究設計及實驗之場所,與普通大學之教育學院不同。現在院内計有民衆教育學系一、二、三、四年級四班,農事教育學系一、二、三、四年級四班,農事教育專科修一、二年級兩班,計十班,共有男女學生二百八十餘人。其經費全年二十萬零一千元,完全由省庫撥充,內薪俸占二分之一外,餘以充實驗費爲最多,辦公費次之,農場又次之。該院之注重民教實驗及農事實驗可知。

學生納費分縣額生、公額生兩種,縣額生免繳學費,膳費每期三十五元,實驗費八元,均由本縣縣府或教育局負擔,宿費五元,什費十元,則自理之。公額生不限省縣之別,每學期除繳納上列膳宿等費外,應加繳學費十二元。外省學生來就學者,有十二省籍,尤以雲南爲最多,福建僅有男生三人、女生一人耳,在院皆甚勤讀,女生尤努力。

該院之組織,院長以下分設總務、教務、研究實驗三部。民衆教育、農事教育及民衆農事兩專修科,並農事試驗場、實習指導委員會、圖書館、實驗工場均屬教務,而註冊、課務、訓育三股隸焉。總務部分文書、會計、事務、衛生四股,而民衆醫院隸焉。調查、視導、通訊、編輯、發行五股及各種實驗機關,則屬於研究實驗部,並附設研究圖書室,收藏中西圖書,專供教職員研究實驗參考之用。全院重要事務取決於院務會議,而輔之以各種委員會及各種會議。此該院組織之大概也。

該院尚有重要設施數種,或由高院長親自帶往參觀,或由總務主任劉平江先生帶往參觀,或派學生帶往參觀,分述如下:

(1)實驗工場:設有金工場、木工場,專爲製造各種儀器,該場除學生實地實驗練習外,且事營業。金工場有馬力一架,引動各器械,所有學校科學儀器皆能製造,所出品件精良細巧。內有自製無線電收音機一架,係用新式裝潢,尤精雅。聞各校所用儀器,多往定製,有供不應求之勢。參觀時已四時,原已收工,高院長特屬其延長製作數分鐘,以爲介余實地觀察製造云。

（2）民眾科學館：工場前設有民眾科學館,係欲以科學力量,推動民眾教育。所有儀器,均工場自製,內陳列如燈光之進化、交通之改進,均含有科學演進觀念,觀之任人興奮推思。該館且設有播音機,皆有按時播講云。

（3）生物實驗室：該室搜集各種動植物標本,甚見完全,除供該院學生之實驗研究外,並可供民眾觀覽,且每種皆定有價格,以便學術界及民眾教育機關採買。

（4）農村工藝實習室：該室陳列出品多爲農村實際應用之具,且爲農村之材料,其質多草、竹、籐等。高院長云："此後當注意推之農民自行製作,指導農民學習,可爲農村附業。"若然不特利用廢物,增加生產,且可減少遊民。據云前曾開辦農村工藝傳習班二班,由各縣民教機關保送來院學習者頗多。至各種之製品指導者,係請專門工匠常在該室製作,學生可隨時到室學習,法甚良也。

（5）圖書館：該館藏書約有二萬餘冊,常年經費爲一萬元,內關於民眾教育、農業教育專書頗全。該院對院外民眾,無論何種平民,皆無禁限,盡可自由到館觀覽。近在前面新建築者,有一部爲圖書館云。

（6）園藝組：該院地面寬廣,院之前方闢爲花園,校門不禁,平民皆可進入遊觀,後方闢爲蔬菜園、藝與花卉園、藝及果樹園等。花園布置精雅宜人,隨便平民皆可入賞。花卉園藝品種甚多,余到時爲季春,百花怒放,萬卉叢生。內有畝餘,專爲教職員栽植,尤其鮮艷。

（7）畜牧組：該院畜牧有牛舍、豬舍、雞舍皆在院後,現養有荷蘭牛六頭,每頭日可出牛乳四十餘磅。管理有工友一人,練習生一人,由指導員督促飼養。又有世界最著名之別克縣豬種二雌一雄,現建造新豬舍已落成,另向美國選購良種,以爲試驗與推廣云。至於雞種,前有來克況三百七十餘羽,其他各種百餘羽,聞於去年三月間發生白喉,二周間死亡甚三百餘羽,其病理治療正在研究,尚無醫治方法,聞高院長云,"日前又有發生此病,正在消毒研究醫治"云。

(8)推廣組:該院對推廣事項極力推行,如採選稻穗、麥種介紹於農民,對農田有特約示範、介紹條播種麥、推種除蟲菊,墾荒植林,繁植雞種,改良豬種,防治菜蟲,預防豬瘟,碳酸銅粉拌麥種,組織養魚合作社,育蠶指導,試辦農村工藝,農事展覽會,宣傳冬耕,皆盡力推行云。

(9)農事試驗場:該院農場原有三十餘畝,試驗稻、麥、園藝等,後又向農家租賃二十一畝,專供稻、麥繁殖種子之用,近又在院之南面對河購田三十畝,又院東農田四畝,梅園附近山地百餘畝,以作學生實習及作物繁殖果樹造林之用。其分配辦法,由院租與學生田畝若干,任其自行計劃耕作,使能自動設計負責管理,辦法甚佳。至學習農事,係學生暑假須在校繼續工作,不放暑假,因農作事業不能停頓也。

(10)研究實驗事業:該院既為養成全省民眾教育、農事教育服務人才,並為二者設計及實驗之場所,故辦有種種研究實驗事業,如北夏普及民眾教育實驗區、惠北民眾教育實驗區、南門實驗城市民眾教育館、鄉村自治協助處等,依科學方法,從事實地工作,以期建立民眾、農事兩教育之學術,藉供訓練人才之依據,及全國從事民眾教育、農事教育者之借鏡焉。

(甲)北夏普及民眾教育實驗區:該區設總辦事處之下分五支部,分布各鄉村,各支部所辦事業,可分為政治、經濟、教育三項。在政治現有舉辦之事業,如鄉村建設協進會、鄉村自治改進會、完成亭倉區道、布種牛痘、農產品展覽會等。在經濟現有已辦之事業,如養魚合作社、鹽業產銷合作社、畜牧合作社、造林借款聯合會等。在教育現有之事業,如民眾學校、民眾讀書會、民眾閱書報處、問字代筆處、新北夏半月刊、育蠶指導所、合作講習會、民眾教育研究會是也。

(乙)惠北教育民眾實驗區:該區設於高涇橋,離院五里許,區內設主任一,下分研究、事務、視察三組。現有舉辦事業:①"語文教育":有民眾學校、鄉村小學、代筆處、問字處、閱書報處、婦女讀書會、少年讀書會、《惠北報》等。②"生計教育"：有墾漁、養魚、信用諸合作社，農事講習所，特約農田，猪瘟預防，養雞示範場，農事指導，農村工藝訓練班，農村貸款處，養蠶指導所，介紹種子。③"政治教育"：如紀念日活動自治協進會、救熄會、壁報。④"健康教育"：如清潔、運動、藥庫、診療處、乒乓隊、武術團、小足球隊、運動會、體育場等。⑤"休閒教育"：如民衆茶園、音樂隊、象棋比賽。⑥"家事教育"：如家庭訪問等是也。

（丙）南門實驗城市民衆教育館：該院爲實驗城市民衆教育起見，特設該館於南門南星橋，内設館長一，下分總務處、市民教育部、勞工教育部、篷户教育部、潮音自治實驗鄉等。市民教育部，校址在北長街、南長街等處，現辦理事業有民衆圖書館、巡迴文庫、民衆閱報處、南里各界聯席會、勵志救國會、時事報告、壁報、代筆處、民衆保健處、民衆博物館、民衆法律顧問處、民衆武術團、民衆茶園、民衆娛樂處、民衆遊歷團、象棋比賽等。余於參觀該院後，由高院長派福建學生吴意瑾、陳壠生、卓雲光、鄭新等，帶往參觀對岸農場，然後往北長街參觀夜班。該校共有日班二，夜班十一，由幼稚園、託兒所至高級女生居半；另有職業班（即勞工女校），其學生多係一般工人，工人因白天做工，夜間就學，可見其求知心切，且教員爲該院學生，英氣勃勃，故教學均極有精神，而來者日衆，現有男女生五百餘人云。

次日晚七時，該院總務主任劉平江先生，特來寓招往參觀南門教育館及篷户並勞工教育部。查篷户教育部，已辦理之事業爲篷户自治實驗區、篷户自治推廣區、保甲會議、調解委員會、人事登記處、民衆貸款處、救火會、冬防團、模範家庭、篷户男女校及小學，並代筆處、一角園圃等。

勞工教育部已辦事業有勞工男女校及晨校，並小學與託兒所、母姊會、勞工同樂會、勞工訪問、校友會、周會等。

潮音自治實驗鄉則已辦事業有民衆夜校，並育蠶指導等會。到達參觀時爲夜八點，由館長茅宗傑帶往各處實地參觀篷户區。查篷户爲各省散來聚集之難民,在空地扎草篷住居,聞其人口在錫有四萬餘,多拉車做苦工爲生,一般子女既無教育,又乏衛生,且各方什處,難免無争執發生,故該院特爲注意該户,設立種種事業扶助之。館長導余步該區時,行見道路清潔,篷内整齊,無廢物畜矢之什施,且户户門前皆有小園圃,布置得宜(即該館所謂"一角園圃"也)。茅館長同余過時,雖爲深夜,而篷户男女小孩,飯後正在户外乘凉,見茅同客至,皆有敬愛之誠懇表示,可知該館長平時之循循善誘也。至該館,所有圖表特别清楚,對人事登記、民衆貸款尤爲周至。觀至勞工男女校,時已十時餘,各生學習,教者指導,皆無倦容,其成效可知也。

五月三十一日　晴

遊梅園、黿頭渚、蠡園、惠泉山龍光寺。

七時乘錫宜汽車至梅園下車,入其門,藤樹陰道,内作園形,中掛大石,鐫"梅園"二字。由花徑逶迤而上,奇石兀立,高二丈餘,作雲卷狀,左右山坡皆栽梅花。過石橋,崗上有亭,名"天心亭",旁環以溝,池種蓮花。斜坡而下爲養花場,有暖室,遂進内,向花匠拾月下看數個以爲回種。再上爲梅花館,外有茶店,中堂有李清遂題"誦幽堂"三字,旁孫撲均題聯云"七十二峰青未斷,萬八千株芳不孤",楊春灝題云"一園占盡湖山勝,數點能回天地心",程柏堂聯句云"聽黄鸝數聲,最好是雪後園林,湖邊廡閣;有玉梅萬樹,應記取吟鶯歡事,放鶴休情",田一夔聯云"園拓數十方人間是福,梅開千萬樹天下皆春",有横額云"一生低首拜梅花"。更上有八柱亭,後横如魚形之大石,鐫"招鶴"。再進,山崗上有大石如雲狀,鐫"小羅浮"。復由梅花小徑上行,旁有太湖飯店,再上爲念劬塔,高三層,惜門永閉,不能登一覽,誠爲悵事。更上數十步,至山巔,爲一球場,内設高爾夫及網球場,旁置石炭椅數塊,可供安坐。場北有磚屋一列,内所掛横額,皆名人賀梅園主人宗敬先生樂善及素愛之句。登此山頂,較塔更上數尺,南望太湖,水天一色,帆船如蟻。美哉! 梅園其别有洞天也。余讚梅園之雅,在天然中而有人工之景,雖人工景,猶是天然。全山分四坡,坡之左右,樹無數梅花,旁園荊籬，間砌以自然石塊之徑，因山立亭，因亭樹石，因石樹藤，或成蔭道，或成篷首蟾仙，而滿山之階道及峰石，皆出天然砌合，未經刻鑿，此所謂人工中之天然也。梅園遊畢，即擬往錦園焉。

錦園：出梅園向南馬路前行，約八里，至湖濱處，即錦園也。自梅園前行五里，園之方閣即可望見。過水泥橋，經鐵門，大書"錦園"。入鐵門，馬路自池穿過，形成浮橋，路旁綠柳絲絲，風吹柳動，株株作臨風舞。路之左右，池廣數百畝，皆種蓮花，風動葉翻，作碧綠色，復有蟾聲鳥語，臨風高嗓。余行其間，幾疑爲登極樂天上。柳岸行盡，忽有奇花異卉，什種其間，而蛇目菊與小玫瑰正行勝開，滿地作黃金色。坡上有閣三，最末處爲"嘉蓮閣"，閣爲二層，後有二閣，四面皆玻璃窗，一爲洋式磚屋，一爲中式。閣中稍坐，南望太湖，小島與帆船星列，望西南，極目無涯，其東對岸即黿頭渚也。

黿頭渚：由錦園以五分錢乘小舟至對岸，其地如一黿頭伸出湖中，名黿頭渚。舟至岸，有額曰"橫雲山莊"，柳道屈曲，內蓄成池，種植蓮花，池中有屋，表面極雅緻，門掛"謝絕參觀"，秘密窟歟？機關室歟？上黿頭，有亭可稍坐。山末處有燈塔，左旁下有霞綺亭築於湖邊，左有石壁上鑲"橫雲"及"包孕吳越"等字。立亭上，清風徐來，水波若錦。上爲澄瀾堂，堂爲中式，陳列黑檀椅、白石桌，與畫樑、朱柱相輝映，橫匾譚澤闓題"天然圖畫"。向左行有閬風亭，再經雲階至太湖別墅，乃心如所築。向下行爲湖濱蓮蓮，有風車抽水機，上爲萬方樓，左支爲天倪閣。萬方樓有胡漢民題"遠山近水寧無賦，明月清風不費錢"。中陳五色杜鵑二盆，花方盛開，甚爲美麗。該樓面湖倚山，風景絕勝。再上爲胡漢民題"七十二峰山館"，并聯云"在家憂國書生事，臨水登山節士心"。面湖一望，奇峰環立，不下七十二也。上爲方寸園，花雖不多，雅潔異常。再由左向山頂脊前行，約數里，有培植山，山門內疊石成洞，過山洞於山面上疊成奇峰，與山下之池沼相映，又成一景象也。山上種楊梅無數，出山洞門復東北行，至山夾，上架水泥橋，由夾直下，即至馬路。依湖岸前行，約里許，有工人數百，在湖旁開採石料，底層之石作白色，即白瓷石也。前有寶界橋，架於湖上，橋柱六十二，上可通行汽車。過橋復行里許,即蠡園也。

蠡園:在湖之北岸,入其門陰道數十步,轉湖岸長廊,過青來、綠飲、鶴汀、鷗渡各圓門,爲湖心亭,有道可通。過月窟、雲衢圓門,有六角亭。由雲路假山道穿過,曰"景宣樓",左爲湖上草堂,再左爲寒香閣。由此迴西,有蓮池,旁裝假山奇石,池上有誦芬軒,池中有田田島,以水泥造蓮葉一,大如亭,下可坐十餘人。前右爲淨香亭,左浣月亭,亭後皆樹高峰。環池一周,即由湖心亭之背而向長廊轉出,廊有西蜀田一夔對云"訪蹟自西來,遠瞻霞日繽紛,紅拖浙北;問春將東去,環視烟波浩渺,綠滿江南"。北園前臨太湖,後接林圃,風景甚爲休雅,奇石亦多,惜石工幼稚,所有假山多帶俗氣,誠可憾也。出園後,乘人力車而至惠泉山。

惠泉山橫列無錫之西,在城即可望見,上有龍光禪寺,建於山背,寺中有塔高七層,登塔頂望錫城,烟囱如帆竿,民屋鱗次櫛比,悉在眼底。西南望太湖,浩瀚一片,烟藹橫空。下塔至磚路,由田間經城市而回寓。劉君虛舟已疊次電話來推赴宴,餐後即同到南門外參觀江蘇省立教育學院南門實驗城市民衆教育館焉。

六月一日 晴

參觀洛社鄉村師範。

江蘇省立洛社鄉村師範在無錫西北洛社鄉,距無錫三十里,在鐵路之北邊,離站約半里。日前由京南下,係坐快車,至該站未停,不及前往參觀,所以本早六時三十分特由無錫復到該校。七時到校,由教員劉堃森先生出招待,並引導參觀全校各部及附屬小學。全部校舍爲新建,場地寬大,空氣、光線皆充足。畜舍在東隅,附小在西,往來皆能聯合一氣。師範部學生共四班,修業定四年,每日上課六時,工作或農作一時,早操後操作十分鐘,極少課外運動,學生特別有禮節,對於自治亦辦得特別嚴密。該校之組織,遵照《江蘇省縣中等學校教訓合一實施辦法》,校長之下設教導主任,總理教訓一切事項,而事務不設主任,僅設事務員,與會計、文牘直屬於校長。外組織有洛社新村,村主席爲校長,下分行政、裁判、監察諸委員會,及各種領袖會,並特種委員會,以活動一切。農場即在校旁，實習利便，畜牧規模不大，惟作實驗耳。該校另與無錫教育局合辦洛社農村改進實驗區，係由省立洛社鄉師、無錫教育局、無錫第十六區區公所、洛社鄉師附小四個機關的人才聯合產生的，他是要把義務教育、社會教育和區行政的力量打成一片，來作改進農村的實驗，將來預備把實驗的結果推廣，以冀達到復興農村、普及農村教育的目的。其計劃方針是用費與工作以少花錢、多作事爲原則。施教的步驟，以學校爲出發點，聯絡當地民衆，舉辦予民衆以直接有利益的事業，然後再求接近引起信仰，在獲得信仰之後，實施各項教育中應辦的事業。其用意甚善。

十時參觀附小，內容布置設備一切甚清潔周到，小學生特別有精神。余到時，全體正在遊戲，匆忙異常，有一生忽呼口令"敬禮"，而全體皆起立，寂然無聲，向客敬禮，如隊伍然，此乃平時訓練之精神也。

十一時由校回寓，本擬乘一點半車回滬，到站時憲兵見著我穿的是學校灰色布的製服，完全與軍人一樣，有點懷疑，亦是這個憲兵頭腦不大清楚，我說是學校製服，他總是想不通，頑想到學校不能穿灰色軍服，就來檢查皮包及行李，我給他說到隊部去，他又要說起大話來，說可由渠處置，我被他弄到不耐煩，好得我有省政府陳主席的委令，並訓令並教育所的公函，及江蘇教育所通知各校招待的通函都在，他還是不大相信，最後又是同到隊部見文隊長去，又將所有一切再看一周，始悉然，所以擱了二小時餘。其時文隊長看見我所有的一切都[是]學界往來的，對我很客氣，送出後因未有車，我在候車室候車，渠復來室傾談，並詢福建近況，至三點五十分始上車，八時到滬。

余在宜興買到二簍標本，在無錫經已由站視過，可搬入客座間，到滬將出站門時，收票者想欲敲竹杠，因不得所利，大作虎威，將二簍送到站長室轉行李房去，最後被他刮去七毛錢，這都不打緊，最慘的是做小工人，如一木匠及補缸者等，帶有小箱器具，都任意魚肉，甚將其藥水瓶等取之打破示威，其刮剝大則幾元，小則幾毛，做小工匠的當此不景氣的時候，一天的火食都維持不去，有那裏的錢可填此慾壑呢？真是苦哉！出站後，將各物僱車至東南行，已九時矣。

六月二日　雨

本日在東南行擬呈陳主席並鄭所長電。

六月三日　早雨，九時晴

九時前往戈登路寶安坊廿九號靜兄處一談，下午往觀萬國跳舞團。該團角色中西皆有，西舞時有一絲不掛者，亦余於此初見也。

六月四日　晴

下午參觀中華職業教育社，該社址在霞飛路、華龍路、環龍路口，於民國六年由教育界、實業界嚴修、蔡元培等共同發起，其目的有三：一爲個人謀生之準備，二爲個人服務社會之準備，三爲國家及世界增進生產力之準備。其工作包括調查講演、研究出版、通訊等等，社員分普通、永久二種，余亦由劉平江先生介紹爲社員。該社事業實驗機關有合作、代辦、附屬三種。

（1）合作機關：如鎮江女子職業學校、三益改良鹽種製造場、吳縣善人橋農村改進區、職業補習教育研究會、私立上海婦女補習學校、合作無線電研究所、上海縣狹山自治實驗區等。

（2）代辦機關：如萬生農場、勞獲農場、鎮江太平鄉中泠農村改進區、滬西園場、侍應生訓練所、申新第一工廠工人子弟學校、鴻英鄉村小學師資訓練所、上海私立位育試驗小學校、鎮江私立丁卯農村小學校、崑山私立陸景小學校、上海南京路職業補習學校、泰縣農村改進區、獸醫專科學校、餘姚私立諸家橋鄉村試驗小學校、紹興私立州山善慶農村小學校、崑山觀瀾義務教育試驗學校、鎮江黃墟農村改進區等。

（3）附屬機關：如中華職業學校職工教育館、中華全國職業教育機關聯合會、上海職業指導所、《國訊》半月刊、徐公橋鄉村改進區、中華新農具推行所、第一二三職業補習學校、業餘圖書館、中華國貨指導所、農村服務專修科、滬郊第一農村改進區等。

該社之經費以社員社費、贊助員特捐及公款充之,不足時由董事部籌畫充之。社內設有國貨陳列所,將國貨式樣陳列社內,新農具推行所並補習學校皆設社內。所有辦事極有精神,至受負託者非常負責。

六月五日　晴

下午往半淞園閱覽風景及龍舟。車至園口,購票入園,因本日端午,人極擁擠。入門後有圓池,中栽黃竹,走廊作圓環狀。再進有新昌號售賣蚵石雕刻美術品,其藝頗精。半淞山堂為國畫陳列館,多扇面並條幅,無一上品。走廊旁有陳列泥人玩具者,備木質之瓶六,叠成梯形,並備木球三以為準擲,欲擲者一角買三球準擲之,如木瓶全倒得獎,留一不倒者負,并設有高爾夫球及種種擲物之戲,計有十餘處。內有湖,湖上有湖心亭,湖中有羅西區龍舟會,舟畫龍鱗式,舟上左右插長龍旗十餘枝,並小涼傘八枝,頭尾二枝大,旗及傘皆錦綉,龍頭以鐵枝裝成《天女散花》等劇,內置鼓樂,在湖上奏舞環遊。湖之東有假石山,風景為全園冠;西有跑驢場;北有湖心島,完全石砌,中築一亭,輕舟環左右,甚為幽緻。該園之擘劃頗佳,惟廊緣山路湖岸甚草創,頗近平民化,陋中有雅,實有遨遊之價值也。五時回,赴東南行之宴。

六月六日　晴

九時往南站乘滬杭車赴杭,在座適與黃埔軍校政治學生詹國雄同席,接談頗詳,並出《救國計劃》二本示余,言頗痛切,據云候明年可在商務印書館出版。若能照此進行,則中國前途可樂觀也。五時至杭,住新華旅社。

六月七日　晴

遊湖邊各景。

六時由新華徒往西湖濱工商旅社,遂即僱小舟由民教館上舟,南行至"柳浪聞鶯",此景乃十景之一,現僅石碑一方,鐫"柳浪聞鶯"四字。左為錢肅王祠,錢肅王爲五代時保境安民,謀興水利,後人思其德,建斯祠以紀之。祀前兩廡石碑甚多,皆歌功頌德之詞,廟方重修,氣象宏偉。由此西行即至三潭印月,由小瀛州上,即浙江先賢祠,內對云"古義士誓不與仇共天,乃有今日;鄉先生没而可祭於社,其在斯人"。東有閑放臺,後有綠竹,前有荷池,左右柳岸作環抱。由東柳岸環行至前亭,向北望有石碑立於亭中,前有石塔三,樹於湖上,即三潭印月也。石橋九曲,旁有鐵欄,過九曲橋,有售碑拓並字畫者,余購岳武王草字四幅,復由橋進,石峰叠叠,奇峻異常。先賢祠前有一峰,立於池中,有臨霄之概,最奇兀。復上舟至白雲庵即猗園,風景雖佳,惟無人修理,頗形蕭條。

出白雲庵南行至慈净寺,寺前有乾隆碑,刻"南屏晚鐘"。該寺方在修築,工程頗大,左旁有運木古井,井後之寺已修完竣。由此下舟,即由蘇堤第一橋上岸,至花港觀魚。入其門,奇石矗立,石碑鑱"花港觀魚"四字。過小閣,閣前有池,小魚無數,游逐其間,古之觀魚其亦此池乎？出其門,即由墻旁環進,然後到高莊焉。高莊布置頗曲折,因近不大整理,故帶有凋謝之態。出莊向右行,即至蔣莊,名"蘇庵別墅"。進其門,高閣巍然,閣之布置甚妙,木蓮數株,正行勝開,異香撲鼻,前有橋通堤門,其旁方在鑿石,新建築也。

復上舟,入鎖瀾橋,至劉莊。該莊清潔異常,至招待室,由招待者引導開門。正座爲祠堂,古玩頗多,中有四尺高之古花瓶,藍地粉彩,最爲特色。走廊有天然生之木椅桌,亦不常見。左閣異常精雅,古石最多。再右爲劉墓,前池後山,什木參天,景亦隆佳。

出劉莊,向東行,至丁家山,復上岸,有石峰五,直立半山,最上一石獨巨,如鶩作轉頭狀,旁數石如立如倚,作環列狀,中有石桌,康南海鑱"焦石鳴琴"四字。由石後山路上,山頂閣院數間,旁有天然奇石,或潛或現,旁種異花,上有方臺,登高可望全湖。下山經吳將軍廟而上舟焉,舟過玉帶橋,而至麯院風荷,轉出跨虹橋,南行至湖心亭。亭爲兩開屋,旁裝奇峰,四面皆種絲柳,亦一佳景也。至此已十二時,即折回至北伐紀念碑,而上岸回寓。

下午一時,往杭州教育所投公函,適在開會,派辯審員錢希接待,蒙指導各鄉師及農業學校途徑，並蒙專函通知各校，且贈刊物多本。回寓後，即由湖邊北行，過北伐將士陣亡紀念碑，而至陳英士銅像紀念塔。英士騎馬上，馬作人立狀，精神勃勃有生氣，座旁鐫孫總理哀文，係于右任手書，言極痛切，讀之使人生敬。噫！英士真精神不死也。再上爲八十七師淞役陣亡紀念塔，上有銅像二，一爲手指，一爲持槍將進，神氣尤壯。再上爲湖邊公園，園門爲紫藤架，內有古式石人、石獅，係移自舊墳者，又生一景。

經市政府而至斷橋，綠柳蔭途，柳彩與湖水相輝映，柳外皆係青草，間種花卉，如錦如圖，經其間，任人忘却世外也。坐柳下片時，即舒步前行，至平湖秋月，復前行。過西泠橋，觀蘇小小、武松、秋瑾、陶、楊、沈各墓，使人生敬慕之心。過湖山春社，進百餘步，即有巍然華表樹於其間，橫書"碧血丹心"，峰首一望，岳王廟之前門即在其上。進門內，壁書"精忠報國"四字。再上東廡爲張憲，西廡爲牛皋，中殿即余自幼讀史時所敬慕之岳王聖像也。轉東則爲岳祠，東廡爲五侯，西廡爲五夫人，有老人送余立身處世格言，並任其少子帶路轉西觀謁岳墳。墳之門外有亭，外環鐵欄，內陳列忠柏，柏爲石質木紋，古所謂"枝不北向"，即斯柏也。向西進其門，有圓式墓二，正爲岳王，旁爲其子岳雲，前列翁仲及石獸等，余至此迴想其冤獄，不覺淚然。向前望，左右水泥欄內有四像，作跪狀，趨視之，左即秦檜夫婦，右即張俊、万俟卨之鐵像也，視至此心爲一快。嗚呼！是非千古自有定論，今之賣國漢奸輩其鑑之！旁有售墨拓者，陳列甚多，遂揀岳王所書之墨拓五張，又朱夫子所書之"孝悌忠信禮義廉耻"計七幅購之以爲紀念焉。至是燈光已亮，余尚留戀閱讀各碑，並在墳前定晚飯，飯未至，將老人所送之立身處世閱讀之，真爲救世之金丹也。飯後僱人力車環湖而回，湖上電光與湖水相輝映，如萬條金龍，真奇景也。

六月八日　晴

遊寶石塔、孤山等。

早由北閘而入昭慶律寺，該寺最特別者爲戒壇，建築頗宏偉。出寺後，由湖邊排樓拾級而上至寶石塔,塔爲二十二年重修,高凡七級,壁有重修記,謂古稱"保叔"、"保俶",皆附會其辭,實即寶石塔也。登塔後,有石兀立,較塔尤高,石下有洞,可穿,旋轉而上,石面粗糙,攀緣可達次之石巔,立巔上,全湖悉在眼底,真絕勝也!由西小徑下,有寫生者二,方在著筆。復由初開之土路迤邐而上,即至初陽臺。臺爲石築,下爲方臺,上立石碑,並蓋有亭,由臺擧望,湖水若池,杭市如錦,錢塘若帶,盡在眼前。向南下有亭,亭後砌假山。再下爲觀,內有葛仙煉丹井。假山下有泉水一池,非常清洌,右有古基,鑴字頗多。再下爲喜雨亭,更下爲流丹閣,閣前方在開築馬路。下湖濱,過博覽會橋,即往參觀藝專。

國立杭州藝術專科學校:該校設於孤山,占羅苑、三賢祠、照膽臺、蘇白二公祠、陸宣公祠、啟賢祠、朱文公祠、王祠、蓮池、松舍等處,以風景秀美甲全國之西湖,作藝術校之校址,以陶冶美術人才,誠得所也。到時爲徐君正之出接待,談及該校係由民國十六年,由蔡子民先生首倡建立爲國立藝術院,先辦繪畫、圖案、雕塑三系,至十八年改稱爲國立杭州藝術專科學校,組織仍舊,增設藝術高中部。二十二年國民政府提倡職業教育,教部令將高中部改辦高級藝術科職業學校,現正改建大規模校舍,舊屋大多拆卸,故所有成績室等多已收藏,僅有一部分如大禮堂、圖書館、石膏模型室、練琴室、動物園、體育場等由徐君一一導南參觀。學生正在上課,作模特寫生,惟該校裸體寫生室謝絕參觀,無如蘇州藝專、上海美專之公開也,所以對學生之工作及作品皆未覽見,而成績如何,無從識曉。至所經參觀一部,其景地雖勝蘇州藝專,而一部之設備及辦理精神尚應改進。

博物館:依山面湖,初進門由假山下旋轉經長廊直入,至第一室,爲上海抗日戰利品,次至大所右,爲文化之部,陳祭孔樂器及歷朝衣冠,上樓爲字畫室,有章谷西湖十景,並陸隴其、董其昌法帖;第二室陳古器,內有《洪憲告示》及古銅瓶、古瓷器,并名人字畫及古卷並古錢幣等;第三室多爲在洛陽所發掘之漢唐古陶佛像,並有《太平天國告示》一張,其印長八寸闊五寸,旁繞以龍。下樓仍至大所左,有各色服裝及各處風俗裝飾,旁室爲古磚及各種山川器具、建築模型等。向東轉爲礦物陳列室,再爲動物化石陳列室,多係甲形。再出爲動物園,中有猞猁一,形如猫,尾短,其身長約四尺餘,高二尺餘,耳端有黑長毛,全身色黑灰,其餘如猴等多爲普通者。再出爲動物室,東爲植物室,內容陳列頗完全。至此已十二時,該館已閉門,余即到樓外樓午飯,飯後至岳王前僱車往靈隱寺。

靈隱寺爲西湖最大之廟宇,由湖有汽車可以直達,一路兩旁,或園或舍,不可勝數,經雙峰插雲至寺前,有匾曰"咫尺西天"。入其門,儼一特別氣象,西有奇石,上爲羅漢洞。入其內,洞路屈曲,旁刊各佛像。再過爲老虎洞,深約數丈,異景頗多。回羅漢洞,轉上爲一線天,上即飛來峰,洞內外皆刊佛像。過泉澗,一路香珠、竹箸、古錢等之店甚多,澗上多排茶桌,對面澗上有彌勒尊者諸石像。再上有冷泉亭。進靈隱,皆大歡喜與四大金剛巍然高列,爲余眼前所未見之大佛像。進金剛堂後,古木參天,涼快異常。上大雄寶殿,釋迦三尊有慈悲之概,左右列諸天尊者,進右堂有五百羅漢,中有穿斗篷、戴風帽者有美鬚,聞即乾隆王也。韜光北高峰由右上,余因尚有天竺黃龍之遊擬不上,即出靈隱而赴下天竺。

下天竺爲一古廟,中有觀音像,來進香者大多至此,自此舟往,尚有中天竺、上天竺,聞大概相類,遂即折回。至玉泉,一名清漣寺,寺右有池,內有紅、黑、白、黃、花、灰諸色鯉魚並草魚、鱗魚等,大者長四尺餘,遊人多擲麵片,群來共食,暇時亦或浮於水面,或遊於水底,不慌不忙,誠自得也。且泉甚清洌,雖針可見。美哉!群魚誠得其所哉!出玉泉向東行,約數里,而至黃龍寺。

黃龍寺在山之凹,旁有崇山峻嶺,修竹茂林,入大殿後,假山片片。由假山路逶迤而上爲黃龍洞,上有一石,斜立洞上,下有石佛,背有石碑四,爲乾隆所題"誰施月斧開山石,相好莊嚴調澌人;倚壁恰看飛四柱,真成一笠蓋金身",寫其實景也。再上有玉皇殿,風景甚雅。左路上有臥雲洞,初到時只見一石埋山內,石上鐫"臥雲洞"三字。入洞門,由石級而下,有百餘步,然後由後門出,復下山,至迎賓所,由道人帶至所後觀黃龍祖師得道洞,並噴水池,出堂前,花徑曲折,前繞以欄,下爲池,旁砌假山,對山復有洞,係人工鑿成,內爲老子像。再左假山曲叠,有黄龍頭,水由口吐出,直射入池,池中鯉魚無數,池旁奇峰林立,誠仙境也。出黄龍洞,由西路上而至蝙蝠洞,深不可測,無路可入,立洞口冷氣逼人。再西爲金鼓洞,洞不深,内有李老子像,左爲清泉,清洌見底。由原路回,更上數百步,而紫雲洞在焉。該洞深數十丈,旁有光線斜照,盡處有石釋迦立像三,洞口上有觀音像,所頗大,陳茶桌數方,遊人至此,可以少息。出紫雲,由葛嶺而下,至岳王廟,然後轉寓。

六月九日　晴

七時僱人力車南行至汪莊。該莊布置甚精緻,假山池沼,亭閣臺榭,無不完全,惜樹木太少,不可謂完全也。進門内,有國茶陳列所,並售各種盛茶器,甚精雅。出莊門,即上雷峰塔故址,但見殘磚滿地,殊任人追思也。旁有植樹紀念亭,四圍滿植桃樹,並各什樹。由山背下,經净慈寺前,向西行,謁張蒼水墓。入墓門,有所一,掛張蒼水像,所後樹木甚佳。由林徑入,可直達墓墳,墳有三,中爲張公,旁即從者。再西行,至石屋洞,前有新築之寶塔,全塔各面刊經句及佛像。進寺内,走廊屈曲,寺後爲石洞,螺絲洞、天外天皆在洞内,洞之四壁雕各佛像,層層排列,其寺爲面洞而建。由寺後山徑而上,尚有一洞,惟不大深,由此緣澗旁直上,上南高峰即由此焉。山嶺由樹陰穿上,約五里即至。峰有寺,久已不修,惟南側數澗頗清雅,遊客至此可稍住。峰頂可望錢塘江頭,據云八月觀潮以此最宜。

由西而下,至獅子崖,過茶圃稍下即陟屺亭,過吸江亭再下爲烟霞洞。洞深七丈五尺餘,全洞如全龍身形跡,據僧云係太古時一龍藏埋在石中,至久龍化而成洞。查太古混沌時,動植物多爲山埋,經久動物或化成礦石,或動物腐爛而成洞,或其然也。觀洞上有龍之脊骨形,節節逼肖,言係不虛也。該洞有石佛數十尊,高四五尺,刻工甚精。洞口二觀音琢工甚精妙,洞最底處有李老子石像一,琢工亦善。余謂此洞奇在石佛。

由紫霞洞而下,約二里許,有水樂洞在山夾處。洞口分二門,洞深百餘步,守洞者取火導觀，內有石藕、石鐘等，叮噹作聲，雖旱不渴，聞此洞係民國十二年復修。余謂此洞勝在有泉。

復上紫霞嶺，過山格，有人家數十家，茶葉舖數間，街道頗清潔。下嶺約二里許，即到龍井寺。寺旁有泉，其水清冽異常，傍堆假山，四面古木參天，甚爲涼快。有售茶者數間，頗形熱鬧。寺亦不大，右旁有池，游魚可數。由山夾下，經山澗轉入，即獅子峰壽仁寺也。寺一名爲胡公祠，內祀胡公，旁有老龍井，水不大清，四面高山皆植茶，且有修竹崇林，亦一異景也。

由壽仁寺順流而下，兩旁山嶺峻立，澗水從左右會，甚爲清冽。溪澗屈曲有緻，山上鳥音與澗聲相和，是爲九溪十八澗。澗道沿溪行，約十餘里，至澗口，與理安路會處，有茶室數間，遊人至此，多稍休息，並有汽車在此等候，豫爲日夜出租。

理安寺：由茶亭向東北小澗而上，約一里餘，叢林密竹，林中有亭曰鶴澗亭，即理安寺之山門也。過石橋，爲董夫人藏經塔，上數十步即理寺。寺共三座，旁有泉，上蓋石亭，水甚清冽。由寺後上，有小閣，在此可觀寺前山景。其山勢四面圍抱，正中一山如香爐，即香爐峰也。出寺門，在鶴澗稍坐，即回九溪橋，由馬路至江邊而參觀之江大學焉。

之江大學：據錢塘江西岸，依山面江，風景甚佳。余由馬路向大操場而上游泳池，學生十餘人，方在游泳。上雨界操場，經樹林幽徑而上，至男生宿舍，即遇同鄉陳宗漢，遂由陳君帶往參觀科學館、教室、各特別室、教員宿舍、圖書館、天文臺、蓄水池、大禮堂等室，各室皆建於山崙脊上，樹木茂盛。南此次在參觀職業教育，對大學本無參觀之必要，因本日特遊靈隱、天竺、黃龍、紫霞、理安、十八澗等勝地，途經至此，遂爲一遊，亦姑記之。天文臺爲最高處，在此可望東海。嗣由陳君送由樹林蔭道出校而至馬路，然後各別。余即由江邊前行，即至開化寺，登六和塔。

六和塔共十三層，爲江南最大之巨塔，由塔心上登至極頂，望之江對岸及之江大學甚爲了然。其塔稍有損壞，已由魯滌平等募款重修，擬與大鐵橋同時竣工,惟預算之費頗大,須十餘萬耳。出寺門至鐵道口,方在建築過江鐵橋,其工程浩大,擬三年完工。由此僱人力車東北行,經小天竺而至虎跑。

虎跑爲濟公得道處。入寺門,由石路依澗上行約里許,即至該寺。寺前有池,水清可鑑,有濟公塔在寺之右,左路首大書"虎跑"二字。旋路而進,復有寺三座,前有石虎二,寺建於山凹內,山作環繞,其水清冽異常,故俗所謂"龍井茶虎跑水",實不虛也。出寺門,經四眼井至湖邊,即由淨慈寺向北行,參觀猗園,然後回寓。

六月十日　陰,下午微雨

本日參觀浙江省立湘湖鄉村師範學校、浙江農業推廣人員養成所、浙江大學農林場。

五時起,即僱人力車到三郎廟乘錢塘江小火輪,上行至聞家堰,復由江邊行約三里,即轉鄉路,北行約二里,有平直有規則之土路,旁樹白楊,秩然有序,路旁樹間並種除蟲菊,即浙江大學之農林場也。舉眼左右前後無數田園,田畔水溝皆有秩序,其栽種布置亦與鄉間迥然不同。由馬路直進,經農業推廣人員養成所,再進里許,於平湖獨樹一峰,名曰"壓湖山",上築以亭,樹國旗,即湘湖鄉師也。至校門,有一生介余至辦公室,由總務江先生出招待,嗣復介福建教員林位理先生帶予參觀各部。

查該校於民國十七年由第三中山大學籌劃開學,十八年大學區製停止,改由浙教所管轄,其以前辦法完全仿曉莊師範試行彈性制教學,二十年所令照普通學校施行年級編制,至二十一年始試行工學制,二十二年改名浙江省立湘湖鄉村師範學校。該處原爲湘湖,後漸開闢成田,湖之四周,群峰重疊,其風景實有秀麗壯偉、閑靜曲折之特點。壓湖山爲該湖秀麗中之精粹者,該校即位於其山下,沿山沮洳之地改爲荷池魚塘,山麓設菜園、花圃及桃李之林,山腰築動物園及操場,山頂由該校學生築愛湖亭,禮堂、教室、寢室、辦公室、圖書館、科學館、工藝館、湘湖醫院,或爲平房,或爲樓屋,或爲草舍,或藉舊建廊屋,皆環列於山陽,西接錠山農藝館、錠山中心小學。該校組織分爲五:① 生活指導,② 小學教育,③ 推廣教育,④ 校外服務學生視導,⑤ 事務。各部之外,尚有各館各委員會及師生校工合組之合作社等。

該校之編制設師範、簡師二部,簡師計一、二、三、四共四級,師範班一、二、三共三級。簡師班普通制修業四年,工學制修業四年半;師範班普通制修業三年,工學制修業三年半。全年經費二十三年爲五萬零六百二十五元,內附小爲八七一〇[元],推廣事業爲二七〇〇[元],師範本部爲二九二壹五[元],薪俸約占百分之八十,辦公及設備爲百分之二十。該校場地共一一〇〇六畝,內田三一三畝,地一〇[畝],山一一〇畝,池蕩等六百六十餘畝。

該校設備上:如圖書館、科學儀器工藝廠、音樂室、軍訓並醫藥及農業設備均完全,其農業設備有十二匹馬力發動機一,碾米機、吸水機、噴霧機、風車、木礱各一,點播器、犁耖各二,鋤頭二百六十九件,釘耙九十九件,草刮六十件,泥鑿一百四十八件,鐮刀一〇三件,水車五件,另整剪、整枝鋸、糞桶及其他各皆數十件,誠有可觀。

該校對肌肉勞作方面異常重視,每日每人至少須一小時,工學制各級學生每周農工作業至少須有十八小時。對於校內各種參觀及調查後,即到林位理家午飯。下午,金校長觀海引往參觀農場實習,全班學生適在水田刮草,有女生六人,亦脫去鞋襪在田耕作,且甚吃力,尚有一班實習園藝男女生皆在挑糞施肥,亦極盡力,觀此可知全校學生工作成績之精神也。據金校長云,學校原定男生受田一畝半,女生受田一畝,女生以爲如此,則示弱於男生,亦欲與男生同量受田,女生工作之勇敢可見一斑。

該校對推廣事業,因視本地向少領袖人才,頗有"人存政舉,人亡政息"之現象,爲訓練本地人才,故有青年服務團之設立。團員須爲湘湖附近村民,須高小畢業程度,訓練期二年,課程除參酌該校簡師標準外,另與以農事、醫藥、畜牧及鄉村工藝合作事業之指導,務其離校後不必恃教育職業維持生活,同時於維持生活之外，能指導民衆，教育兒童，以從事於鄉村之改進焉。

該校自二十一年起，廢止星期休業，惟平日工作十小時，星期日只五小時，半日休息，至工學班無寒暑假。關於教學方面，原取彈性制，現已廢止，自二十一年度起，最高年級學生得視其能力高下，變通結業時期云。

浙江省立農業推廣人員養成所，離湘湖鄉師約二里許。下午二時，由金校長帶同前往參觀。到時由所長曾養甫出招待，曾君爲一農學士，所穿衣服爲破舊之工人衣，樸素異常。衆生方在工作，秩然有序，且極盡力，一片農田非常整潔。該所建於錠山之頂，學生宿舍完全爲草舍，內中整理甚覺清潔。該校係屬浙江省建所設立，爲欲養成農業推廣實用人才，依照實業部《[各省]訓練農業推廣人員辦法大綱》設立，修業年限爲二年，課程除黨義外，多專門農學，入學程度爲初中畢業，係由各縣保送，學宿費每年八十元，由各縣府送交，非縣保送者，各費應自行繳納。畢業後由教、建、民三所分發各縣服務，三年後方得他就。該所無寒、暑假及星期，對於農事器具甚完備，每周授課爲十八時，工作十八至三十小時，農忙時則停去學科，從事工作。

次觀浙江大學農學院湘湖農場。該場居聞家堰店之東南，聞原該處爲荒蕪之地，民國十六年闢爲第三中山大學勞農學院農場，嗣大學改爲國立浙江大學，則隨之改爲今名。內設主任一人，技術員二人，事務員三人。該場已開之田面積四千五百畝，中自耕面積計農田三百七十畝，桑園一百三十畝，果園四十二畝，餘係佃與沿湖平民耕種。該場現對於疏瀹河流，整理道路，推廣良種，改進農事，增加副業，指導農民，皆已極力進行。其經費全年爲一萬五千一百二十元，長工五十人，短工臨時僱用。至農事機械，有二十馬力拖拉機車二部、十二馬力柴油機一部，其餘各機械皆頗完備。

四時回聞家堰，趁小火輪至閘口上岸，順途往遊梵林寺及第五軍將士公墓，然後回寓。梵林寺係古寺，建築宏大，惜多破爛。公墓建築材料爲水泥，上有祭臺，甚精雅，前面花崗石之牌樓，鐫刻尤美麗莊嚴。二者皆依山面江，鐵道、公路經其前，風景甚佳。

六月十一日　陰

早五時半起，飯後由湖濱紀念碑路經公園至斷橋，轉北岸，遊瑪瑙寺。該寺不大，後有園林，若加以整理，可稱佳地。次遊招賢寺，門內有池，架橋池上，寺內奉有白石觀音一，鐫工精細，全身白潤，爲空前所未見，雖一白石，遠望之具有靈動之態，詢妙工也。過博覽會橋，上放鶴亭，謁林先生和靖之墓。墓旁梅花數十株，左前爲鶴冢，墓後尚有仁和典史汝霖滿門殉節之墓。查汝霖乃仁和一末吏，於洪楊之役守城，全家殉難，葬此，真可與湖光增輝也。向左下，湖旁有明女士廣陵馮小青之墓，後爲宋汝士鞠香之墓，二者皆有詩才，故後人因墓誌之。再後爲雲亭，聞爲近人許奏雲建，前有雲泉之勝。由此上中山公園後路，復遊中山公園，然後至西泠印社，該社在孤山之西。由假山路逶迤遞進至山頂，有四照閣，閣後鑿石成池，池上穿石成門，門旁有洞，立名人石像數人。山頂上有石塔，四面刻經文及羅漢像。全社亭榭臺閣之休雅爲全湖冠。四照閣下有售賣極精美印譜及各碑帖，並有貴重古董，皆物美質精，實非如別處可比。嗣轉湖北路，有新落成之舞所，所爲圓式，鏡框多爲綉品，椅桌器具講究異常，門額爲周象賢題"鑑湖所"三字。出所後即僱車前往新民路參觀民校焉。

省立民眾教育實驗學校：其設立之目的，係根據該省政府總綱，民眾教育實驗之目的在根據民眾生活之需要，以實驗民眾教育之組織工具及方法；指導學生研究及實習，以養成本省民眾教育服務之人才之規定，即訓練民教專才和研究民教、實驗民教三位一體。其行政組織，校長之下分教務、訓導、實驗、總務四部，其設立有師範科及社會、教育、行政、體育、藝術、圖書館學、新聞學等專修科，並短期師資訓練班。師範科收初中畢業生，修業三年，每年均招一班。專修科收高中畢業生，修業一年或二年。現該校有師範科三班，其學生之來源，一爲各縣市教育局保送，一由直接報名投考，其經費每期繳膳費三十五元，醫藥費五角，入學時制服費二十五元，其餘學什完全免繳。該校之經常費由省庫撥充，全年二萬五千零六十一元，合民校、民教館經費全年爲五萬一千一百六十一元。該校以民眾教育之對象是全社會，不分都市與農村，如兩者未遑兼顧，則先農村而後及於都市,故現已將校舍移往凌家橋云。

嗣轉文廟參觀浙江省立師範學校,由陳溥延先生出接待。據云原設於性存路,此舍爲教所新撥二十萬新建之校,内中建築非常完全,其校旁正在填土布置,旁爲該校附屬小學,成績甚佳,其設備與普通同。

次上吳山,一路大多道院,有聾啞學校設於山上。至該校,由盤君出爲接待。盤君爲一青年教員,亦聾啞,與之接談時完全用紙筆,由渠引導所觀各班及圖畫、手工各室,成績室等皆甚優美。嗣至應接室,盤教員遂引一小學生來室,請余随意寫數十字,不與該生看見,由盤教員以手作勢,該生即一一寫出。全校校長至校丁皆爲聾啞,無能言者,凡接談一切皆以手表示,所有文字、文章及圖畫、手工製出皆與不聾啞者等同,所謂"啞能説話",真不虛也。

查該校歷史,於民國十八年冬,由龔寶榮等發起籌設聾啞學校,開始進行,於十九年一月正式成立校董會,呈請主管官所立案。初校址設於吉祥巷,初分美術、普通兩科,公推龔寶榮爲校長,次年校董會聘李錫榮先生爲主任,佐理校長,改進校務。現有學生一年級甲、乙兩級,二年級甲、乙兩級,三年級甲級一級,一切課程依照《小學課程暫行標準》實施,對於學生自動組織,尚付缺如。

出聾啞學校,上山頂,至紫陽別墅,屋雖不大,内有石室,非常奇美。中有一石,上大下小,切於洞上,名"飛來石",真奇觀也。復上絶頂,有電話室並測量臺,北望城市,東望錢塘,西望西子,如錦如畫,皆在眼中。山頂亂石林立,奇形怪狀,莫可形容,若有人加之修飾,不亞西泠也。余因愛其山水之自然美,坐約片時,然後由麓回寓。

六月十二日　上午陰,下午晴

五時半往西湖濱體育場,參觀早間運動並太極拳。七時半至性存路,參觀浙江師範學校,由訓育主任方祖澤出接待。該校址在清按察衙署,旁爲浙江法院,校舍寬大,由方引導參觀一切。其時方七點半,學生方早飯完,諸多在縫紉室或自修室製作手工,可知其學生之勤於工作也。閲觀片時,而上堂鐘已鳴,全校學生皆集合操場,集隊入室,秩序井然。上課時教員不點名,由隊長報告,完全實行軍事化。校之操場有墳一,聞係岳飛部將,同岳王遭害,葬此。該校大禮堂,即宋時刑堂,秦檜使何鑄鞫岳王時即在此堂,堂有聯云"近九曲叢祠,當年碧血沉冤,三字提防莫須有;登同心傑廡,往代殘碑遺蹟,四朝結構到於今"。該校爲高級程度,有男女學生六班,幼師一班,尚有小學教育函授班,現已招至第五屆。至科學及組織,皆與普通學校同。

九時參觀省立圖書分館,並購到《世界歷史模範人》圖一函,然後回寓收拾行李往車站乘十點常車,[下午]四點到滬。

六月十三日　晴

九時往商務印書館,由該館黃警頑先生出爲招待,即取義務教育並鄉村教育材料出閱余。嗣《申報》記者胡漢君到,要求將此次所考察經過各情發表於申時各報,余答應其候下午寫付,遂由黃警頑先生帶往國立中央研究院工程研究所陶瓷科參觀陶瓷器。

中央研究院陶瓷研究廠主任兼技師爲韓春元先生,係專門研究窰科,引導參觀時即將廠內各機器略爲開製,並略解說一周。內有試驗窰一個,可供試驗之用,並有製玻璃窰爐一,至所出之瓷,成績甚優良,花瓶最多,惜只供研究,而無出售。至該所之材料多來自蘇州,而瓷質極白,其餘尚有徵集各瓷場之瓷土,以爲研究。至德化之土,亦集到多種。據韓技師評德化之瓷,與江西比較評爲第二位,而瑩白評爲全國第一,其土質亦爲全國第一。嗣出日本《工業博士北村彌一郎窰業全集》示余,該書敘德化窰業之狀況甚詳,並評定德化瓷之過去及將來品位,云"德化瓷器在明代如香爐、花瓶極視爲貴重,其瓷瓶潔白如玉,透明度甚足,此瓷很不容易得到。在清最盛時爲康熙年,康熙以後即衰落不振,最大原因爲台灣歸於日本,此後如日本之瓷日加發達,則德化之瓷必漸衰落。至德化地方交通極形不便,建大工廠極不相宜,惟原料可稱中國第一,質甚堅白。若建大工廠,其動力如用人工甚合宜,或將來道路開闢,交通得便,必有發達之希望,但不爲日瓷相抗争"云。嗣出院即往兆丰公園一遊,該園布置頗自然,場地甚大,樹木極多,且有動物場等,遊人甚多,聞此園在滬爲首屈一指云。

六月十四日　晴

本日擬復往中央研究院研究瓷科,並參觀新申紡織第一紗廠。八時至中央研究院瓷工部,將所有器械並各種瓷土配合及製法,並飾瓷等一一研究,然後前往參觀新申紡織第一紗廠。該紗廠對於參觀本爲謝絶,因余遠地特來考察生産教育,且經中華職業教育社介紹,始得接受。至時,爲職員華劍紉先生接待,並引往參觀紡紗、織布各廠。該廠規模甚大,資本爲二千餘萬,股東實資六百萬,餘爲銀行借貸,共分老廠、新廠,老廠二,新廠一,全廠有紗錠一十二萬五千個,有布機一千五百臺,工人男女原有九千餘人,近因紗業銷售停滯,裁去二千餘人,現只存七千餘人,女百分之六,男百分之四,女性未嫁者居多,係來自山東、安徽、江西、浙江並江蘇等,每日工資平均爲六毛。至工人教育有二種,一種爲職工子弟小學校,一種爲成人班晨夜學校,皆係義務云。

出廠後即到西藏路參觀胡獻雅個人畫展,共有一百五十餘種,筆力疏蔓,無一善品。嗣轉新新、先施各處購物,三時回寓。六時受商務印書館宴於西藏路聚丰園川菜館,同席者有廣東省立梅州農業職業校長黃友圃、山西大學教育學院教育學系主任張元愷、教務員李春華等,餘爲該館總經理及職員等,至九時方散席。本晚並與黃友圃約明日同往埔東參觀。

六月十五日　晴

七時半到輪渡碼頭,黃友圃先生經已先到,山西大學參觀團欲往吳淞口參觀海輪,亦已到渡,遂同渡至高橋上岸。乘汽車至高橋鎮,先至高橋衛生事務所,由女醫徐月麗先生出招待,談其情形甚詳。謂該鎮人口有四萬餘,共二百又七村落,全鎮男子多在上海做工,故全鎮皆爲婦女,迷信甚深,迎會時有以手貫空而掛香爐者,全鎮有病皆靠神醫,此女人在家均務農。有學校十五所,學生二千五百人。該衛生事務所初設時,人民多不就醫,現已有相當信仰,該所因村社遼闊,若用醫師、護士恐財力不足,特訓練助理員,係收高小畢業生,期限一年,卒業後幫助衛生工作。該所對民衆有辦理衛生教育及衛生宣傳、衛生展覽,至於工作有清道清潔、處置糞穢、處理浮厝等,至普通衛生有飲水消毒、廁所消毒、捕捉野犬、檢查宰牲、監視牲畜疾病,並取締私宰等。婦嬰衛生方面之產婦衛生,全區由該所接生約四分之一,餘因交通不便,助產士不能通達,所以由產婆代接,至產婆亦由該所訓練,而嬰兒亦由該所相當訪視,其幼兒之生長衛生亦甚注意。至對學生,有健康驗查,有矯治缺點,內分預防工作、治療疾病、衛生教育(由該所選擇衛生課本付各校教員講授,每月由該所考試一次)等。至對勞工衛生,有家庭訪視,係利用家庭訪視將公共衛生送到民間去,實爲推行保健之善法。

尚有生命統計,分(甲)人口,(乙)出生登記,(丙)死亡登記,(丁)死亡原因等。另有防疫工作,分(甲)預防接種,(乙)報告隔離。

又[有]診療工作,分(甲)設立診所,(乙)疾病分類,(丙)檢驗工作等。我國對衛生甚不講究,欲如高橋鎮衛生之設備者,無幾也。

次參觀高橋農村改進會,內圖表頗多。次參觀高橋公園,內有小學,學生非常發達,該校共分六班,一、二年級有至九十餘人者,所有設備亦頗周妥。至課程等,與普通無大異,故不多述。由此復僱人力車往新港實驗區。

新港實驗區設有懿德小學,校長茅志岳出招待。該校對於推廣教育、掃除文盲極爲周至。該校本有附設民衆識字班,後因種種不便,現改將高年級學生訓練爲小先生,每日午後、晚後分往各村教授,成績頗佳。時方午後,由茅君招往該村參觀實地教授,就學者多爲成年女子,研讀皆各勤謹。場所乃一普通大所,以八仙桌三張直列如會議桌式,學生周圍排坐,小先生面向下演講,半時講授,半時教寫。次同黃君前往海濱。

海濱係市政府創建,爲避暑海水浴之場所,有房舍頗多,甚爲講究。旁設花園,爲浴餘乘風遊玩。北有海濱旅社,房屋頗休雅。另有獨間式住屋,爲大衆避暑租住之用。

坐人力車折回至渡頭,乘小輪往吳淞口參觀水產學校。該校以撈魚爲主課,校有罐頭、骨扣諸工廠,成績頗佳,至儀器因中日戰爭受損失,尚未恢復,内有輪上測量、觀察器頗完全。出校後遂由吳淞火車至寶山路,方各道別。晚,黄警頑先生又來寓,並送普及教育各書。

六月十六日　雨

早往施高塔路訪前在高師同學友林鐸君,研究橡皮製模及化學等。

六月十七日　微晴

在上海市購買學用品及鄉師書籍並收音機等,至下午,適有邱君碧芳,係由福建美教會醫學院派往江北考察者,前到浙湘湖時,適邱君亦在該校訪友,約同買輪回閩。本日由浙來申,共議決於十八早上輪。

六月十八日　晴

七時同碧芳君將行裝均載到新華安輪上,諸友前來送行者,亦同登輪道別。十時起錨,二十日午後安抵省寓,是夜在寓將參觀所見略爲整理。於二十一日進謁陳主席、鄭教育所長、陳建設所長並鄭、林二科長,報告一切云。

【校記】

① 原文如此,似缺一部,依下文,應缺"排球場"。

校 點 後 記

《江浙贛鄂考察記》，近代陳慶南著。

陳慶南(一八八八——一九五一)，字安清，號學程，泉州德化人。民國三年(一九一四)畢業於福建高等師範圖工科。歷任大田、漳平、德化縣知事，省警務第三路軍司令陳國華之參課長。後從事教育事業，先後在潯北、福州三民中學、永春十二中任教。

本書又稱《江浙贛鄂陶瓷及鄉師考察記》，稿本，原分上、下兩册，記載了一九三四年福建泉州德化教育、陶瓷界組織考察江、浙、贛、鄂、皖陶瓷生產及鄉師實業教育的概況。

二十世紀三十年代中期，國民政府提倡生產教育是教育的根本，全國中等學校多奉命改為鄉村師範或職業學校。陳慶南任校長的德化縣立初中也在一九三四年七月改辦為鄉村師範學校。九月改制完成，旋即又奉命改為省立陶瓷職業學校，並要求制定實施計劃書。次年初，計畫完成，呈送福建省政府及省教育廳，被采納，遂批准公費前往江西調查陶瓷業教育、陶瓷業生產近況，以及江、浙、贛、鄂、皖鄉師教育、鄉村實業建設，以為借鑒。

本書以日記的形式記載了考察的所見所聞，內容詳盡真實，今天仍有其參考價值。

編　者
二〇一九年三月

圖書在版編目（CIP）數據

溫陵事考／（清）史景臣輯；吳遠鵬點校．江浙贛鄂考察記／陳慶南著；吳鴻麗點校．—北京：商務印書館，2019
（泉州文庫）
ISBN 978-7-100-17576-0

Ⅰ．①溫… ②江… Ⅱ．①史… ②陳… ③吳… ④吳… Ⅲ．①泉州—地方史 ②陶瓷藝術—藝術教育—中國—現代 Ⅳ．①K295.73 ②J527

中國版本圖書館CIP數據核字（2019）第115591號

權利保留，侵權必究。

責任編輯　閻海文
特約審讀　李夢生

溫陵事考　江浙贛鄂考察記
（清）史景臣　輯　陳慶南　著

商務印書館出版
（北京王府井大街36號　郵政編碼100710）
商務印書館發行
山東鴻君傑文化發展有限公司印刷
ISBN 978-7-100-17576-0

2019年7月第1版　　開本705×960　1/16
2019年7月第1次印刷　　印張11.75　插頁2
定價：60.00元